U0878595

国家安全知识
简明读本

GUOJIA ANQUANZHISHI
JIANMING DUBEN

国家安全知识简明读本

文化安全

付瑞红　著

国际文化出版公司
·北京·

图书在版编目（CIP）数据

文化安全/付瑞红著. —北京：国际文化出版公司，2013.4
（2024.5重印）
（国家安全知识简明读本）
ISBN 978-7-5125-0504-9

Ⅰ.①文… Ⅱ.①付… Ⅲ.①文化-国家安全-基本知识-中国
Ⅳ.①G12

中国版本图书馆CIP数据核字（2013）第056597号

国家安全知识简明读本·文化安全

作　　者　付瑞红
责任编辑　李　璞　崔春来
特约策划　马燕冰
统筹监制　葛宏峰　刘　毅　周　贺
策划编辑　刘露芳
美术编辑　李丹丹
出版发行　国际文化出版公司
经　　销　国文润华文化传媒（北京）有限责任公司
印　　刷　三河市同力彩印有限公司
开　　本　700毫米×1000毫米　16开
　　　　　12印张　160千字
版　　次　2014年9月第1版
　　　　　2024年5月第2次印刷
书　　号　ISBN 978-7-5125-0504-9
定　　价　45.00元

国际文化出版公司
北京市朝阳区东土城路乙9号　邮编：100013
总编室：（010）64270995　传真：（010）64270995
销售热线：（010）64271187
传真：（010）64271187-800
E-mail：icpc@95777.sina.net

目　录

绪 论

20世纪90年代以来文化安全问题的研究，是我们捍卫社会主义意识形态、实现社会稳定和中国和平发展的准备性条件。新世纪的文化安全研究，将是我们确立与中国经济地位相符的文化影响力的现实基础，这需要文化安全研究思路的拓宽，文化安全观念的拓展，更需要文化安全维护的战略谋划。

文化安全是一个全球化和信息化过程中的时代命题。后冷战时期，全球化、信息化和文化霸权主义是文化安全广阔的时代背景和场域。全球化的文化影响和全球化造成的挑战实质上是世界各地不断增加的商品流和服务流、信息流和符号流、信息流和价值流会如何对文化差异化造成冲击。全球化和信息化的深入发展拉近了世界各地之间的距离，世界文化在前所未有的广度、深度和频度上相互交融、碰撞，每一个国家难以隔绝与外部的信息交流，文化安全问题随之得以重视。一方面，全球化导致了文化的商品化、大众化，冲击了文化的封闭性，不同文化的接触和交流是不可避免的，经济贸易和各种传播媒体正在把地球连接成一个密不可分的整体；另一方面，全球化加深了民族文化认同的危机感，同时也使包括发达国家在内的所有的国家都产生了担心本国文化将被外来文化侵袭或吞噬的不安全感，各国形成一种返本寻根，固守本国文化的思潮。全球化和信息化又使美国推行文化霸权主义战略如虎添翼。美国把其优势文化强加或者至少传播给其他国家的人们，都会模糊独特的文化身份。这就是文化安全的新形势，也是中国维护文化安全的外部环境。中国需要面对和解决的一个带有广泛意义、非常重要的现实问题，即在全球化大环境下，中国应该如何兼顾文化市场的对外开放与维护文化安全和自主性的问题。

文化安全是一个中国命题，伴随着中国的发展得以突显。中国的和平发展不仅体现在经济领域,文化的复兴和繁荣是中国繁荣发展的历史使命。中国的和平发展，中华民族的伟大复兴，是中国在21世纪最为重大的历史任务。这一政治理想的实现必须充分调动与合理运用国家的全部战略资源、力量和手段，包括政治、经济和军事，也包括文化力量及由此产生的广泛的国际影响和世界认同。文化因素不仅直接关乎中国安全利益的整体维护，而且还直接作用于国家综合国力的增长和国家利益的海外拓展，关系着一个崛起的中国在多大程度上能够为国际社会所接受和认可，文化安全战略是和平崛起的应有命题。

崛起的中国应从战略视野来思考文化安全。文化安全的内涵从文化主权延伸至文化发展与文化交往。当我们在思考文化安全时，更多的是指防止异质文化对本民族文化生活渗透和侵蚀,保护本国人民的价值观、行为方式、社会制度不被重塑和同化。我们是从文化主权的角度、从外部威胁来思考文化安全。然而，我们不仅要从文化主权的防御角度审视文化安全，还要从发展和交往的角度维护文化安全。文化安全的维护路径需要对内政策和对外政策的结合，需要文化主权防御和拓展政策的结合。文化安全的国内视角主要指的是个人的充分发展和文化权利的保护；文化安全的国际视角主要是指抵制外来文化中破坏稳定和侵蚀中国价值观的“文化渗透”倾向。

中国和平发展背景下文化安全的战略议程扩展至文化对外传播，拓展中国文化的影响力。文化安全的核心问题是在国际化背景下在发展和交流中提升文化竞争力的问题。一个大国只有在文化安全的基础上具有国际文化影响力和辐射力，具备文化贡献力，才能成为真正意义上的大国。中国要让自己的文化和意识形态具有吸引力，也要建立与内部社会相一致的国际规范。和平发展的中国以战略视野审视文化安全，要解决三个相互联系的关键问题：面对西方的文化挑战，中国不能只是被动地反应，而是如何做出积极的回应；如何发展马克思主义，使其进一步成为开放的思想体系；如何从总体上认识和传播中国传统文化，这三个问题不是相互分离的，而是相互联系的。唯有重视上述三个问题，才能获得中国和平发展背景下的文化安全。

第一章　什么是文化安全

国家文化安全是在经济全球化的过程中突显的一个重要的时代命题，既是一个国家的安全命题，也是一个文化命题。总体而言，文化安全是国家文化的生存与发展免于威胁或危险的状态。然而，如同文化一样，文化安全具有复杂内涵，每个国家所面临的文化安全的议题也有所不同。文化安全问题首先回答要保护什么，由谁保护及受到什么样的威胁等。文化安全与文化的实质内涵，在逻辑关系上应当存在本质上的一致性，因此，对文化内涵的把握直接关系到对文化安全的理解。

第一节　文化与文化安全

文化如同空气，通过各种方式和途径渗透到社会生活的各个方面。一个人生活在自己从小成长的文化环境中会觉得自由自在，如果换一个地方，便会发生“水土不服”问题，尽管适应能力因人而异。对人的生存，文化如同空气一样重要。史学家余英时曾说：“人自出生之日起，文化便是他‘无所逃于天地之间’的第二层空气。”[1]只是空气具有普遍性，而文化则因地理、生物、心理和社会基础的差异而在不同的区域呈现特殊性。空气是人之外的，而文化既是一种独立并超越于个人之外的集体力量，一种客观存在的实体，又内化为人的精神和思想。在文化问题上，个人、民族或是国家都不是裁判，而是局内人。著名人类学文化学家马林诺夫斯基有一句名言：“人生而有文化，文化生而有约束。”[2]

研究当下语境中的文化安全，需要梳理文化的含义，目的不是为重新定义文化，而是寻求文化与文化安全的关联性。恐怕没有什么社会科学概念比“文化”更流行、更多变、更令人费解，人们以各种不同的方式理解文化。文化是一个重要但又含糊甚至混乱的概念，其含义既丰富又狭窄。今天的文化主要是指人的生活方式，它以广义的词意呈现，蕴藏着复杂性，运用也极为广泛，因人们对文化认识的视角不同而导致文化内涵和外延具有不确定性。文化的概念虚实结合、既抽象又具体，范围可以体现精神和概念的具体小事物，也可指民族文化、世界文化这样的大概念。文化有广义和狭义之分，广义的文化指人类改造自身、改造社会、改造自然的一切活动及其获得的结果，它标示着人类进化的过程。狭义的文化是指人类精神生产活动，是观念形态上的文化，它既包含于社会系统之中，又相对独立于政治、经济领域之外，并以对客观世界反映的观念和知识等特殊形态

[1] 余英时著：《中国文化的重建》，中信出版社 2011 年版，第 49 页。

[2] ［英］马林诺夫斯基：《文化诞生和成长中的自由》，载庄锡昌等编：《多维视野中的文化理论》，浙江人民出版社 1987 年版，第 109 页。

出现。由于文化本身具有多样性、复杂性和差异性，人类文化呈现出千姿百态，人们对文化的认识就表现为“百家争鸣，百花齐放”的局面。对文化的每一次界定，都是对人类认识文化本质的一次推动和深化。

一、中国文字系统中的文化概念

中国最早的“文化”概念就是“文治和教化”的意思。在汉语中，从词源上追溯,东周已经具有文化的意识。《周易》中出现“人文”与“天文”相对，“观乎天文以观时变；观乎人文，以化成天下。”这大概是中国人论述“文化”的开始，但其中“文化”一词尚未连接在一起，此时主要指了解人类社会的各种现象，用教育感化的方式治理天下。孔子推崇周朝的典章制度，他说:“周监于二代，郁郁乎文哉。”这里的“文”已经有文化的意味。到汉朝，“文化”一词正式出现，刘向《说苑·指武篇》:“圣人之治天下，先文德而后武力。凡武之兴，为不服也；文化不改，然后加诛。”刘向所指的文化二字仍具有独立意义，文指文德，与武力相对应；化指教化，即以文德来教化、感化，指的与国家军事手段相对的一个概念，即国家的文教治理手段。在古代汉语中，文化就是以伦理道德教导世人，使人“发乎情止乎礼”。冯天瑜先生认为，在《易经》中有“观乎天文，以察时变；观乎人文，以化成天下”之说，这里的“文”字，从纹理义演绎而来，“天文”指天道自然规律，“人文”指人伦秩序。以“人文”化成天下，使天然世界变成人文世界，便是中国先哲赋予“文化”的内涵，它已相当逼近现代学术界所揭示的“文化”的本质意蕴——“人类化”、“自然的人化”。[1]中国古代文字系统里的文化概念，主要指历代统治者所施的文治教化的综合。明清之际，出现了广泛的“文化”概念，指文物典章、朝政纲纪、道德伦序及观念和习俗。近代，中国文化出现危机，人们对文化的认识也越

[1] 冯天瑜:《中国文化史纲》，北京语言学院出版社 1994 年版，第 2 页。

来越广，胡适先生也把文化定义为“人们的生活方式”。[1]

二、西方语言中文化的多维含义

西方语言中的“文化”一词与汉语的文化有相近之处，但西方语境中的文化范围更广。“文化”这个名词，德文为 kultur，英文和法文都为 culture，两者均源于拉丁文字，其含义为：人类为使土地肥沃，种植树木和栽培植物所采取的耕耘和改良措施。其基本含义是指人们对作为自然之物的土地进行耕耘、改良和开发，从而获得自己的衣食需要的劳作过程。今天所讲的文化，与词源意义上的“文化”含义已大相径庭。18 世纪以后，这一词的含义逐步演化，欧洲人开创了一个内涵丰富、外延宽广的多维概念。英国著名人类学学者泰勒这样给文化定义：“文化或者文明就是由作为社会成员的人所获得的，包括知识、信念、艺术、道德法则、法律、风俗以及其他能力和习惯的复杂整体。就对其可以作一般原理的研究的意义上说，在不同社会中的文化条件是一个适于对人类思想和活动法则进行研究的主题。”[2] 泰勒强调了文化作为一个精神文化综合整体的基本含义，对后世产生了重要影响。泰勒之后，人们仍从不同的视角认识文化，文化的各种定义之间并没有本质的差别，只是各自强调的侧重点不同而已。

英国文化史学者、文化社会学家雷蒙·威廉姆斯认为，英语中的文化一词在 18 世纪末开始发生重大变化，在这个时期以前，文化一词主要指“自然成长的倾向”，以及人的培养过程。但是到 19 世纪，后面这种文化作为培养某种东西的用法发生了变化，文化本身变成了某种东西。它首先是用来指“心灵的某种状态和习惯”，与人类完善的思想具有密切的联系。其后来又用来指“一个社会整体中知识发展的一般状态”，后又表示“各类艺术的总体”。最后，到 19 世纪末，文化开始意味着“一种

[1] 胡适：《胡适选集》，天津人民出版社 1991 年版，第 188 页。

[2] [美] 马文·哈里斯著，顾建光、高云霞译：《文化·人·自然——普通人类学导引》，浙江人民出版社 1992 年版，第 136 页。

物质上、知识上和精神上的整体生活方式。威廉姆斯指出，文化概念的这种变化不是偶然的，而是总体社会变化的一种反映。从 18 世纪末开始，“工业”、“民主”、“阶级”和“艺术”等词的词义也发生了变化。“文化”一词含义的发展不过是对社会、经济和政治生活中的历史变迁的一系列重要反应而已，而且这些反应本身成了某种地图，借助于它人们可以揭示历史变迁的性质。即作为整体生活方式的文化概念是对人们现代共同生活的某种定性评价。[1]

1952 年，美国文化学家克罗伯和克拉克洪发表《文化的概念：一个重要概念的历史回顾》，对西方自 1871 年至 1951 年期间关于文化的 160 多种定义做了清理与评析，并据各自的侧重点将它们大致划分为描述性的、历史性的、规范性的、心理性的、遗传性的和结构性的六大类，并在此基础上给文化下了个综合定义：文化由外显的和内隐的行为模式构成，这种行为模式通过象征符号而获致和传递；文化代表人类群体的显著成就，包括它们在人造器物中的体现；文化的核心部分是传统（即历史地获得和选择的）观念，尤其是它们所带来的价值观；文化体系一方面可以看作是活动的产物，又是进一步活动的决定因素。[2] 这一文化的综合定义受到普遍的认同，有着广泛的影响。

文化哲学和人类文化学的研究出现了众多流派，文化不断被赋予一个又一个意义，还出现了语义范围不断扩大的趋势。文化研究的“丛林现象”就是指人们不厌其烦地、反复地审视文化，在某种程度上表明了人类对文化关注的趋势，也反映了文化的重要性。学者从自己的学术立场界定文化，各种解释不是相互排斥的，而是相互补充的，只是视角不同，文化的本质是相同的。就西方而言，基本能够达成共识的，在最宽泛的意义上，文化指特定民族的生活方式。美国人类学家鲁斯·本尼迪克特对文化的定义是：“通过某个民族的活动表现出来的一种思维和行动方式，一种使这个民族

[1] Raymond Williams, Culture and Society, 1780–1950, New York: Anchor Books Doubleday & Company, 1960, XIV.

[2] 傅铿：《文化：人类的镜子——西方文化理论导引》，上海人民出版社 1990 年版，第 12 页。

不同于其他民族的方式。”[1]文化作为一个整体概念，从广度而言，所有人、社会、民族和国家都有文化；在深度方面，文化则涉及生命中最有价值的东西，文化的核心内涵在于价值观念，在于一种解答人生价值、生活意义等所谓终极关怀，关乎到道德理想、审美体验等精神领域。

三、从文化的功能审视文化安全

从文化功能的角度来分析文化的是马林诺夫斯基，他提出“适应环境”和“满足需要”这两个词。无论是人如何适应环境还是环境如何满足人的需要，都和文化不可分割。在他看来，如果文化的反应无以解决和满足生物的需求，那么人类社会便不可能有今天的存在。所以他强调文化本质上是一种功用性装备。[2]文化对一个人、社会、民族和国家都具有“安身立命”的功能。

个人寻求的精神归宿就是一种文化归属。对移民而言，迫不得已离开自己的文化本土，他们在精神上拥有母国的丰富的文化资源，唯有此，才能在新土重建基业。犹太人流落到世界各地仍坚守着自己的宗教文化，早期的英国清教徒来到北美依赖于新教精神的支持，华侨移民东南亚或美洲获得不同程度的成功源于中国文化所带来的勤俭美德。文化塑造人的道德和品性，事实上也就是以社会的道德宗教观念和习俗熏陶人的心灵。文化的实质是道德。文化不是房子，不是道路，不是器具，不是制度，不是科学，不是艺术，而是人格，换句话说，就是道德。

文化是一种价值导向。从文化自身的视角看，文化有自己独特的价值观和价值内核，并保持相对的稳定性和恒久性，引导和规范文化主体的行为。“个体生活的历史中，首要的就是对他所属的那个社群传统上手把手传下来的那些模式和准则的适应。落地伊始，社群的习俗便开始塑造他的

[1] ［法］维克多·埃尔著，康新文、晓文译：《文化概念》，上海人民出版社 1988 年版，第 3 页。
[2] ［英］马林诺夫斯基著，黄建波等译：《科学的文化理论》，中央民族大学出版社 1999 年版，第 132 页。

经验和行为。”[1]人在文化创造中为自己选择了独特的存在方式，人们根据这种存在方式来区分不同的文化主体，当我们在说到“中国文化”“西方文化”“阿拉伯文化”“印度文化”“非洲文化”等时，我们都会联想到这些文化的独特性。文化的不同意味着价值观的不同、行为方式的不同。正因为文化具有如此的价值导向功能，文化安全的存在显得格外重要。

文化是国家和民族“安身立命”之所在。犹太人亡国两千年后而终能复国，不能不归功于持续不绝的文化意识。“中国人”这个名词自正式出现在春秋时代以来，便是一个文化概念。文化是一个民族和国家赖以生存发展的重要根基，也是区别于其他民族和国家的重要标志。人们在创造文化时，归根结底是在创造自身。任何一种文化创造都是人的自我创造。每一个民族和国家都在创造自己的文化。这种文化与历史发展的一定阶段和具体社会经济形态相联系，渗透于社会生活的各个方面，影响着人们的精神世界和行为方式。文化具有“共性”也具有“个性”，指的是一种渊源于历史的生活结构的体系，这种体系往往为某个“集团”的成员所共有，它包括“集团”的语言、传统、习惯和制度，包括有激励作用的思想、信仰和价值，以及它们在物质工具和制造物中的体现。有人甚至把文化比喻为民族的人格。文化是民族的灵魂，是维系国家统一和民族团结的精神纽带。世界上每个成熟的民族都有属于自己的特有文化形态和文化个性，而这种特有的文化就成为民族亲和力和凝聚力的重要源泉。渊源于中华五千年文明、植根于当代伟大实践的中国特色社会主义文化，是中华民族身份的象征。

文化是综合国力的重要组成部分，也是增强综合国力的重要途径。当今世界激烈的综合国力竞争，不仅包括经济实力、科技实力、国防实力等方面的竞争，也包括文化实力和民族精神的竞争。文化的力量不仅深深熔铸在民族的生命力、创造力和凝聚力之中，而且越来越成为综合国力和国际竞争力的重要组成部分。国家的发展和强盛，民族的独立和振兴，人民的尊严和幸福，都离不开强大文化的支撑。文化还是发展的有效动力，它

[1] ［美］鲁思·本尼迪克特著，王炜等译:《文化模式》，生活·读书·新知三联书店，1988年版，第5页。

可以整合价值观念，规范人们行为，激励民族精神，维护民族团结。综合国力的文化内涵尤其在冷战结束后得到了广泛的关注。美国并没有在军事上战胜苏联，而是好莱坞电影、软件、电视、麦当劳等文化产品体现的自由民主的价值观念冲毁了苏联东欧的防线。以美国为首的西方国家对前苏联东欧冷战的胜利，事实上是一种文化安全战略的胜利。冷战的胜利让人们真切看到了文化在国家安全中的重要作用。同时，冷战结束后，阻碍不同地区和国家之间交往的樊篱消失之后，经济全球化迅速发展，不仅带来货物、服务、资本、人员等在各国之间的频繁流动，而且带来思想意识、价值观念、行为方式在世界范围的激烈碰撞，文化在国家战略中的地位迅速提升，成为综合国力的核心组成部分。尤其是对于广大发展中国家而言，不仅在经济上面临压力，在文化发展上也面临严峻挑战，难以在激烈的国际竞争中捍卫自己的战略利益。1998 年 4 月，150 个国家在斯德哥尔摩举行“政府间文化发展政策会议”，共同协议把文化政策列为优先发展的策略。1999 年在意大利举行的世界银行会议亦认为文化是经济发展中不可或缺的要素。文化作为一种重要的国力形态开始得到重视。

第二节　文化安全的核心内涵

文化安全的内容从不同的角度分析而有所不同，如可以包括政治文化安全、经济文化安全、社会文化安全等内容。[1] 文化包含着符号、价值观和规范，文化的多维含义界定了文化安全的核心内涵是文化特质的保存和延续，也规定了文化安全的主要内容，即价值观念安全、语言文字安全、文化资源安全、风俗习惯安全、生活方式安全、文化人才安全等。

文化安全的核心内涵是文化特质的保持与延续。不同民族的特定生活方式使文化具有差异性，这也是文化安全产生的前提条件。可以说文化安全的真正出现是在近代资本主义市场形成以后，特别是西方列强对东方国家

[1] 胡惠林:《中国国家文化安全论》，上海人民出版社 2011 年版，第 15—21 页。

实行殖民侵略政策、东西文明冲突日趋激烈的情况下才逐渐成为现实。上世纪 90 年代，随着冷战结束和全球化的迅速发展，文化安全问题变得更加突出和明显。国家文化安全主要包括国家的文化特性得到保持，民族文化的价值得到尊重，文化资源与遗产得到保护，文化传统得到传承等诸多内容。

文化是文化安全的关键词，在文化差异和冲突中、在文化交流与互鉴中保持和延续自身的文化特质是文化安全的核心内涵。文化特质是国家的“根”，对满足国民的情感寄托和精神需要具有深刻的意义，文化特质的保持和延续保证了一个国家文化的连续性。文化特质是文化深层的本质，在文化更新和变化过程中，在多方面的文化特质中究竟何种文化特质得以保持和延续，取决于历史必然性的客观选择。文化作为信息、知识和工具的载体，它是社会生活环境的映照。文化作为制度、器物与精神产品，它给予我们以历史感、自豪感。

从文化的多维含义思考文化安全，可以帮助我们认识文化安全要保护的文化特质是什么。文化有着内部的层次与结构，有人将文化分为三个层次：观念文化、制度文化和器物文化。所谓观念文化，主要是指一个民族的心理结构、思维方式和价值体系，它包含着信仰、习俗、法律、思想等，这部分文化内化于人们的行为方式之中，提供道德的和理智的规范，它是学习而得的行为方式，而且为社会成员所共有。所谓制度文化，是指在历史发展过程中形成的各种制度。所谓器物文化，是体现一定生活方式的那些具体存在，如住宅、服饰等，它们是人的创造，也为人服务，看得见，摸得着，是一种表层次的文化。关乎文化安全的文化特质主要是观念层次和制度层次的文化，在器物层次的文化也需要我们加以保护。

一、语言文字的安全

符号是文化的基础。符号是指能有意义地表达事物的信息，信息是事物的状态或对事物状态的描述。符号文化的表达形式、如语言符号、艺术符号，数字符号、科学符号等等。其中，语言符号和数字符号是最基本的符号。符号首先是有一种外形，但其本质特征则具有意义，表达或代表着一种意义体系。因此，语言文字的安全是文化安全的基本内容。语言文字是文化中最基本、最稳定和最持久的一种元素，语言不是单纯的思维载体和交流工具，还承载着人们的意识、思维、心灵、情感和人格的形成，传递着种族、民族、国家形成的发展的历史轨迹。每一种语言的背后都是一种独特的文化，独特的思维方式。语言文字的衰微和枯竭，意味着一个国家和民族生命力的衰退。语言文字安全对于一个国家和民族来说具有十分重要的意义。

作为国家文化安全之基本内容的语言文字安全，最基本的含义是指一个国家使用自己固有语言与文字的权利不受外部因素特别是外部强权的威胁和侵害。语言文字是一个国家更为持久和稳定的标志和符号，改变一个民族的语言文字，对一个民族和国家的人民来说是一个比掠夺他们的土地和粮食更为痛苦的事情。法国作家都德的短篇小说《最后一课》是中国读者最为熟知的语言和民族存亡息息相关的文学作品。当年日本侵略中国时，就曾强行在中国推行日语教学和日本文化教育，企图从语言文字乃至文化上征服中国人。西方列强在近代对外侵略和扩张的过程中，常常强行推广自己的语言文字。不仅战争期间存在语言文字安全的威胁和侵害问题，在和平时期的国际交往中同样存在这一问题。据联合国教科文组织统计全球现存 6000 种语言中有近半数面临消亡，平均每 2 周就有一种语言消失。沟通的增加促进了较大范围地区内人们的相互了解，但也导致语言的消失。语言消失通常并非因为遭受外部压力，而是因为操这种语言的人觉得不再值得使用它了。为了促进语言和文化的多样性，联合国教科文组织自 2000 年起设立国际母语日。

语言受威胁的原因有很多，如战争、民族被驱逐，迁移活动和不同语言的混杂。新的信息媒体则为个别语言在世界范围内的传播提供了便利，尤其是英语。英语作为第一国际通用语言具有语言选择上的优势和信息传播上的霸权。很多国家非常重视英语的学习。英语在当代世界的主导角色与美国的政治军事霸权地位相适应，同时又相互推动，形成一种良性互动，美国通过英语这一便捷的传播途径宣言自己的价值观。共同统一的语言文字是一个国家建立内部凝聚力和传承历史文化遗产的主要渠道。每个公民从小学好母语，通过艺术和现代传播手段强化和深化母语的表达能力和传播能力，是保障当代国家文化安全的重要手段。

二、传统文化的安全

传统文化是一定的民族或国家在长期的共同生活和生产中的积淀，是民族或国家共同的“集体记忆”，是最有权威的行为模式。传统文化是一个民族的“魂”，是维系民族存在的根本，是维系民族团结和凝聚的纽带，是促进民族进步的思想保证和精神载体，其力量深深熔铸在民族的生命力、创造力和凝聚力之中。没有传统文化，就没有了根，就不知道自己来自哪里，更不知道自己去向何方。传统文化不仅积淀着一个民族和国家过去的文化创造和文明成果，而且蕴含着它走向未来的文化基因。

传统文化的精华是民族精神，指一个民族在其长期的生活和生产实践中培育和凝炼出来的，为本民族绝大多数成员所具有的民族性格、品格、道德和风尚，在本民族的精神领域中存在的一种被普遍认同和共同遵循的精神力量、精神气质或总体精神风貌。民族精神表现为强烈的爱国主义情怀、强大的民族凝聚力和向心力以及民族成员对于本民族传统文化的自我认同、自我归属感，具有自我维系和统摄的能力。[1]民族精神的存在与否决定着一个民族的生死存亡，是文化安全的重要内容之一。传统文化是一种规范，是衡量行为和思想的准则，是文化的重要内容。规范对人的思想和行为具有约束力量，这种约束力量主要源于传统文化形成的道德规范和习惯规范，道德规范约束力比较强，违背了要受到舆论的谴责。维护传统

[1] 张其学:《民族传统文化与文化安全》，张国祚主编:《中国文化软实力研究报告（2010年）》，社会科学文献出版社2011年版，第319—327页。

文化对社会稳定与和谐至关重要。

风俗习惯是传统文化的重要表现形式，指一个民族或一个国家在长期历史发展中形成的独特而稳定的风尚、礼节、信仰和做法等等，表现在衣食住行等内容广泛、形式多样的行为模式中。每个国家的风俗习惯是不同的，这些特异之处不仅是历史形成的，为当地人民的生活生产提供了物质便利和精神寄托，对维系一个民族、一个国家的团结和稳定发挥着独特的积极作用。历史上许多征服者在打垮一个国家的军队,推翻该国政权之后，总是想方设法改变其文化，包括改革其语言文字和风俗习惯；而一个被打败亡国的民族总是千方百计地保持自己的语言文字和风俗习惯，犹太民族就是这样一个被征服但依然不丢弃自身风俗习惯和宗教信仰的民族，最终实现了建国。早在 1964 年韩国就已经把春节、端午、清明、中秋这些节日全部作为韩国的国家节日，而这些节日是中国传播到韩国去的。我国政府将春节以外的清明节、端午节、中秋节纳入国家法定节假日正是文化安全意识加强的表现和维护文化安全的重要举措。

全球化的深入发展所导致的不同文化的整合对各国传统文化造成了极大挑战。尤其是美国大众文化通过好莱坞电影、跨国公司、互联网与国际贸易等传播途径得到推广，这种以消费主义为核心、以经济性和娱乐性为特征的大众文化的全球扩张在无形之中改变着世界，对其他国家的传统文化造成很大冲击，尤其被青年一代所接受、追捧和青睐。正在积极融入全球化进程中的中国也未能幸免。中国传统文化是中华民族生生不息、国脉传承的精神纽带，是中华民族和平发展的精神动力。娱乐化、庸俗化和快餐化、西方化的大众文化越来越侵蚀中国的传统文化。相比传统的节日，年轻人更喜欢圣诞节、情人节等西方的节日。

三、价值观念的安全

价值观念的安全是维护国家意识形态安全与文化安全的基础，是化解社会矛盾、维护社会和谐的重要精神纽带。价值观念是言行模式背后发挥支撑作用的精神支柱，是文化中更内在、也更为深刻的本质方面。国家价值观念安全的重要方面在于广大国民对传统和现存价值观念采取什么态度，在日常生活中人们有什么价值取向。因此，从社会生活的实际来看，价值观念是广大国民对各种各样的社会现象甚至自然现象的是非判断和基本态度。这种态度与家庭、社会、国家对国民的教育有关，而且与其他国家的文化影响、渗透有关。[1] 因此，国家要从文化安全的战略高度重视价值观念的安全。价值观念的安全不是静态的，不是说一个国家的传统和现存的价值观念完全不变，而是强调保持一个国家基本价值观念的连续性，同时又不否认价值观念与时俱进地发展变化。

价值观是文化的核心，是判断是非善恶的标准。价值观各具特色，也有先进落后之分。文化的先进与落后，主要取决于价值观的先进与落后。如自由与专制，平等与特权，正义与邪恶，真与假，善与恶，美与丑。显然前者是先进的，后者是落后的。然而，每个国家的价值观是基于历史形成的，各具特色，都应该予以坚持和维护。全球化所带来的多元文化的交融，一定程度上是西方推行其意识形态和价值观念的过程。在此过程中，西方资本主义的价值观，如拜金主义、享乐主义、功利主义、极端个人主义的人生观的入侵和渗透，对中国国民的价值观念产生了很大的影响，造成人文精神的失落、社会道德的滑坡以及消费主义价值观的蔓延，中国传统义利观、是非观、荣辱观等遭遇空前挑战。

四、意识形态安全

意识形态安全是一个国家占统治地位的思想政治意识不受威胁与侵害，能够稳定存在和健康发展。一个主权国家的政治意识形态是立国之本，如果放弃了对意识形态的主导权，必将导致该国既有政治和经济制度衰落

[1] 刘跃进主编：《国家安全学》，中国政法大学出版社 2004 年版，第 148 页。

甚至毁灭。意识形态具有强大的社会凝聚功能,是政权合法性的文化基础。意识形态安全是国家文化安全的核心内容，它作为社会的一种价值体系，规定了国家、民族以及社会成员所应承担的义务和价值导向，以此作为广大民众政治共识的基础，使人们具有统一的意志，为政治稳定提供条件。意识形态直接影响国民政治认同及思想整合，是执政党执政合法性的思想前提和理论基础，也影响着国家对外战略制定和对外关系走向。[1]

我国文化安全集中地表现为社会主义意识形态的安全，其核心问题就是维护马克思主义在意识形态领域的指导地位。社会主义与资本主义两种意识形态及两种社会制度的冲突从未间断过。继“武装侵略”、“军事遏制”、“经济封锁”等手段之后，资本主义国家开始推行“和平演变”战略，把意识形态的渗透和政治、经济、贸易相结合，通过与社会主义国家的交往，逐渐影响和改变社会主义国家的意识形态。这一战略在苏联东欧初见成效。冷战结束后，“软实力”成为西方意识形态渗透的新手段，文化霸权主义成为西方意识形态渗透的新形式。美国把促进西方资本主义意识形态在世界的传播作为其称霸全球战略的重要组成部分，对与自己有着不同社会制度、不同价值观念的国家进行意识形态的渗透。美国借助全球性传媒、文化产品交流、跨国公司活动及人员的交流往来等载体，在中国大肆传播西方社会思潮与民主、自由、人权观等意识形态。我国意识形态安全面临着文化霸权的威胁，马克思主义意识形态的指导地位遭到严峻挑战。

第三节　文化安全的特征

特征是事物或现象特点的标志，通过对特征的分析可以加深对事物或现象的认识和理解。文化安全的基本特征存在于文化的特性，也与安全的特点密切相关。

[1] 张骥等著:《中国文化安全与意识形态战略》，人民出版社 2010 年版，第 42—55 页。

一、文化安全的基本特征

文化安全具有普遍性和个别性。文化是一种人类现象，是人类为了守护自己而创造的，具有普遍性；文化同时又是一个民族现象，每个社会各有不同的文化，每一个民族都在一片土地上繁衍生发自成一格的文化。因此，文化安全具有普遍性和个别性。文化安全的普遍性体现于世界性之中，文化安全不仅关乎国家的生死存亡，也关乎人类的发展和繁荣。1992 年，联合国开发计划署就在《人类发展报告》中，把文化安全列为人类社会应该享有的一项基本权力。人类追求真、善、美。人类共同具有的最基本的道德规范是诚实。至于符号，如音乐的五线谱，数学的阿拉伯字，数字化信息革命中的 0 和 1 等等，都是全人类共同具有的。因此，人类文化具有共同性。作为普遍性的文化安全问题由来已久，可以说有文化就有文化安全问题，存在于人类文化建构和发展的整个过程之中。

文化安全又具有个性和民族性，不同国家有着各自特殊的文化安全问题。民族文化指一个民族共同的文化。如中国人用方块汉字，属单音节语言，西方用字母拼写，属多音节语言。又如西方人进餐用刀叉，我们中国使筷子，中国功夫，日本相扑，都属于民族文化。不同民族的文化可以相互学习，取长补短。但没有必要，也不可能用一种文化代替另一种文化，这体现了各个民族文化的多样性。不可否认的事实是，不同民族的文化之间存在习惯模式的差异，存在价值取向的不同，存在生存空间的争夺，更重要的是它们各自还承担着不同的国家使命，这就注定不同文化之间会有冲突和对抗，处于弱势地位的文化生存处境必然受到威胁，更多地产生文化安全隐患，对文化安全问题也更加关注。

从古至今，不同国家、民族处于不同的角度和背景，都有关于国家文化安全的理解和保护的政策、法律。在全球化时代国家的文化安全感并不仅仅是发展中国家和贫困国家所特有的，因国际交往的频繁，当代的所有国家都不同程度的感受到了文化的“不安全”，如文化产业的迅速发展导致人们消费文化产品的规模扩展；网络化和信息化为文化传播提供了迅捷和便利的平台；越来越多的国际人员流动引发的文化交流和传播等对发达国家和发展中国家的文化安全都造成直接或间接的影响，并且这种影响是相互联动的。美法等西方发达国家把文化安全和经济安全、政治安全、军事安全等视为国家利益之所在，十分重视维护本国的文化安全。在当前全球化浪潮的背景下，发展中国家面对的文化安全问题必然更加突出。中国作为发展中国家，在文化、意识形态、社会制度、国家利益等诸多方面与西方发达国家存在着较为明显的分歧，自然而然地成为某些霸权主义国家进行文化渗透和文化颠覆的主要目标之一。自中国加入世界贸易组织以后，中国的文化安全问题日益突出，危机意识和潜在的危险使中国对文化安全问题的关注渐渐升温。1999 ~ 2002 年，只有 50 多篇与文化安全研究相关的论文，而从 2003 ~ 2008 年，就有 300 多篇论文关注文化安全，这在一方面也显示了中国文化安全突显的事实。国家在政策上也越来越关注文化安全,党的十六届四中全会《中共中央关于加强党的执政能力建设的决定》提出，要确保国家的文化安全。

文化安全具有客观性和主观性。安全是个人生存的基本条件，也是国家发展的前提。然而，同文化的概念一样，安全的概念也具有模糊性和复杂性，引起诸多争议。一般来说，人们在遇到危险或感到威胁时，才会想到安全问题，所以“安全”意味着没有危险，不受威胁。“没有危险”是安全的基本含义，包括没有外在的危险和没有内在的危险两个方面。从外在方面来看，主体“不受威胁”是因为主体具有免除威胁的能力，即自身强大或特性使某些外在因素对其不构成威胁；从内在方面来说，“威胁”主要来自内在的“疾患”。

人们通常认为，安全不单涉及客观现状，而且还涉及一种心态，即所谓的安全感。安全既是一个体现客观现实的概念，又是一个表达主观感知的概念，它可能是客体实行进攻而导致的实质性威胁，也可能是主体综合情势之后获得的感知性威胁。阿诺德·沃尔弗斯对安全有一个很好的界定，

“安全，在客观的意义上，表明对所获得的价值不存在威胁，在主观意义上，表明不存在这样的价值会受到攻击的恐惧”。[1] 所以安全就是客观上不存在威胁，主观上不存在恐惧。

文化是否安全看什么？这是探讨文化安全的首要问题。与安全的基本含义相联系，文化安全也包括主观和客观两个方面。文化安全是一种客观状态，无论你是否意识到文化安全，文化安全或隐或显的存在，反映一个国家文化生存与发展免于威胁和危险的状态；文化安全也是一种主观感受，意味着文化主体对文化自身现实处境的认识和忧患意识，反映主体对文化安全状态是否存在或存在程度的一种价值判断。国家文化安全是主客观因素合二为一的综合概念。

从客观上来说，判断文化安全的状态，首先要看国际文化环境、本国文化在国际文化力量格局中的地位、文化实力的对比以及相关国家的文化政策取向等。在主观上，文化是否安全，要看对相关国家是否有信任感，或者说是否有恐惧感。美国好莱坞电影在英国人看来是大众文化的“自由流动”，而在许多国家看来是“文化入侵”；韩剧、日剧的影响力在亚洲地区正日益与美国的影视剧形成相抗衡之势，却并没有引起亚洲国家“文化入侵”的恐惧。文化安全所受的威胁，可能是现实的威胁，也可能是潜在的威胁，即存在威胁的可能，它在某种意义上是作用于人心理的一种较长远的东西。文化安全与军事安全、经济安全不同，不易于评价和量化，更加与主观判断有关。现实的威胁和潜在的威胁其实都是国家所要处理的问题，文化安全的目标不单要造就一种安全的现状，还要造就一种安全的心态。没有文化安全的现状是不安全，而没有安全的心态也是不安全。

二、后冷战时期国家文化安全的新特点

冷战结束以后，信息时代和全球化是并行不悖的趋势，使文化以其影

[1] 李少军:《国际政治学概论》，上海人民出版社 2002 年版，第 150 页。

响速度快、范围广、传播面限制难等特点，正在对国家安全产生深刻的影响，使国家文化安全的维护变成一场没有国界的斗争。文化安全问题是经济全球化过程的必然产物，同时文化安全问题的出现与科学技术的进步也有直接关系，特别是以信息技术为基础的现代通信技术的普遍运用，更使各国文化的发展和传播出现新的情况。

随着世界相互依赖程度的加深和信息技术革命的推进，文化安全日益引起民族国家的重视。国家文化安全的利益范围不断扩大，国家之间文化安全相互渗透。国家文化安全的要素更综合化，传统的文化安全的理解是语言安全、传统文化、价值观和意识形态等，现在经济、社会、科技、环境和人与人之间的关系等要素都进入文化安全的视野。随着文化安全要素的增加及它们之间的相互渗透和相互影响，维护国家文化安全的手段更加多样化，军事手段无法完全保障国家的文化安全，文化领域的安全更多的需要利用国际通行的惯例、条约以及国际仲裁机构来进行斗争。一个国家必须综合运用包括文化自身在内的经济、社会、科技和环境等手段来维护国家的文化安全。

文化安全问题越来越呈现出国际化、全球化的发展趋势，国家文化安全边界的扩大，文化安全主体的多元化使得民族国家对文化安全问题的关注超出了国界，而经济、环境等领域的文化安全问题本身就与整个国际社会相联系。在信息时代，一个国家的文化安全维护不可能只求自身平安，还要考虑其他国家和地区的文化安全以及国际社会整体的安全。文化安全关系更加多边化，文化外交引起很多国家的重视。在对外文化交流和对外文化贸易中，既要坚持国家的文化主权，维护本国的思想文化独立性，保证文化安全，又要扩大本国文化的影响力，扩大文化产品和文化服务的出口份额。信息技术革命打破了空间和时间的限制，国家间冲突的原因和领域大大复杂了，国家文化安全的要素呈现综合化、跨国化的发展趋势，只凭单个或少数几个国家是难以对付复杂多变的文化安全局势的，因此，全球化和信息化时代多边文化安全合作已经成为各国维护自身国家文化安全的一个强有力的手段。

在经济全球化的语境下，文化安全概念是对于一个主权国家而言，属于非传统国家安全的范畴，是国家安全的重要组成部分。从维护国家安全的角度看，与政治、军事等传统国家安全范畴相比，文化安全在建构国家政治认同方面具有不可替代的作用。当国家的民众对主权国家的合法性有比较一致的认同时,这个国家的国内政治生态就处于一种比较良性的状态。当一个国家的民众对主权国家合法性持高度的怀疑态度甚至从内心里加以普遍拒绝时，这个国家的国内政治生态就开始恶化并最终形成大规模的社会动乱。[1] 正是由于前苏联舆论的多元化导致社会舆论和思想文化领域完全失控，最终成为导致苏联解体的重要原因之一。

文化是影响国家对外政策性质与走向的重要因素，不同的价值观和意识形态影响下的国家对外政策具有不同的倾向。例如，以“普世主义”为价值理念的美国，其对外政策的终极目的就是推广美国的民主模式和价值观；而以“和合”为文化底蕴的中国，主张建立和谐世界。整个 20 世纪，各国都把军事安全放在国家安全的首要位置，传统的安全观主要关注国家主权、领土完整、国家政治独立等，这些威胁主要来自境外敌对势力。冷战结束后，和平与发展的世界局势使人们认识到文化在国际竞争中的独特作用，以文化安全为主要内容的非传统安全问题日益引起人们的关注并成为国家安全与国际安全研究的新领域。

三、文化安全在国家安全中的特殊地位

冷战结束后，世界政治多极化、经济全球化的趋势越来越明显，各国竞争的焦点已不仅仅局限于政治和军事领域，而是逐步向经济、科技和文化领域转移。因此，国家安全已不再仅仅表现为传统意义上的政治、军事

[1] 赵志:《文化安全观的提出及当下语境》，见社会问题研究丛书编辑委员会编:《文化安全与社会和谐》，知识产权出版社 2008 年版，第 103 页。

安全，而是包括政治、军事、经济、科技、社会、文化等在内的综合安全。这就是说，现代国家安全本身就包括了文化安全在内。

国家文化安全在国家安全中居于特殊地位，因为文化是维系一个国家、一个民族团结和国家稳定的重要基础，是一个国家综合国力的重要组成部分。文化的强盛、安全不仅可以形成一个民族巨大的民族凝聚力和文化认同感，而且由这种认同感和凝聚力所形成的安全屏障可以提高国家的整体安全程度，有利于塑造良好的国际安全环境和国家的稳定与发展。在全球化的进程中，随着文化地位和作用的日益突显，国家文化安全在国家安全中的地位也越来越重要，越来越受到各国的重视。文化安全是国家安全大系统中的一个子系统，也是其中最重要的一个核心系统。因此我们需要把国家的需要与社会的需要结合起来，把外交和内政结合起来，以本国的核心文化利益为中心，在尊重全球化时代的国际法则和国家主权等国际因素和国内因素的前提下，确立科学的综合性国家文化安全政策。[1]

文化安全是国家安全的文化形态，其概念体系与国家安全的内涵在逻辑关系上存在着本质上的一致性，文化安全是国家安全问题的一个重要领域，但有其独特的特性。国家的政治、军事、经济、社会和文化安全等是安全分析的领域拓展，但是“各个领域都有它自己的行为主体、指涉对象、动力和矛盾，需要以它们自己的术语加以理解”。[2] 文化安全有其相对独立性，它的涵盖面在于文化领域，专指文化方面的斗争和较量。而且，与其他方面的安全不同，文化安全具有复杂性、隐蔽性和周期性特点。文化上的斗争是一场无形的斗争，也是一场复杂而艰巨的斗争。

文化安全也不是一个孤立的概念，它与政治安全（指保持国家的独立地位）、军事安全、经济安全等共同构成一个完整的安全体系，彼此之间相互作用、相互联系。虽然在一般情况下，文化安全并不能超越政治安全、军事安全和经济安全而占据主导地位，但文化安全问题始终存在，在一定

[1] 胡惠林：《中国国家文化安全论（第二版）》，上海人民出版社 2011 年版，第 15—20 页。
[2]［英］巴瑞·布赞等：《新安全论》，浙江人民出版社 2003 年版，第 260 页。

的条件下，文化安全的地位也会变得较为突出，并直接对其他方面的安全产生不容忽视的影响。因此，可以认为，文化安全是国家安全的重要组成部分，没有文化的安全就没有全方位的、完整的国家安全，尤其对于发展中国家而言，更不能忽视自己的文化安全问题。

文化可以同政治和经济并列起来，但他们之间相互牵涉、相互影响，文化也是相对独立的领域，它影响其他领域，也受其他领域的影响。文化和政治、经济的关系与文化安全同政治安全、经济安全的关系具有相似性。文化安全有其独特之处，并与政治、经济、社会安全之间的关系是重叠和互动的。由于文化的特殊性和文化安全同政治、军事、经济和社会的广泛联系，文化安全受政治、经济、军事和社会的影响，也构成了文化安全不同于其他国家安全形态的结构特征，文化安全包含着政治文化安全、经济文化安全、军事文化安全、社会文化安全等内容。政治文化安全是主流意识形态和价值观的维护，是文化主权的制度保障，涉及到国家的独立自主和不受外部力量控制；经济文化安全影响着文化产业的整体实力和竞争力，是文化市场的安全问题；社会文化安全反映文化的凝聚力和认同作用，影响着社会稳定和发展。政治文化安全、经济文化安全、军事文化安全和社会文化安全等是相互联系和相互影响的。文化安全能力的强弱在国家的军事行动、经济市场、政治社会稳定的过程中发挥着重要作用，文化安全与国家安全的其他组成部分客观上存在着一种相互依赖的关系。

第四节　国家文化安全的维护路径

文化安全的维护，就是要维护构成自身文化的主要因素的安全，维护文化主权是实现文化安全的最高价值所在。然而，为了实现这一目标，不同的国家在不同的时期可能会有不同的任务和追求。无论如何，文化安全在本质上都是维护国家利益，维护对国家文化安全有利的现状或改变对文化安全不利的现状。

从文化的特性而言，要在文化发展和交流中而不是在文化封闭下维护文化安全。文化是变化的，而且是积累的。前一代的文化传递到后一代并成为其文化的基础。文化可以超越地理、生物、心理与社会的各种自然现象，自成为一种格式，自成为一种范围，自成为一种对象和题材，就是由于文化的积累。然而，文化又是以自然现象为基础、为资料而不断变化的。文化不外是人类适应各种自然现象或自然环境而努力利用这些自然现象或自然环境的结果，文化也可以说是人类适应环境以满足其生活努力的结果。[1]文化一方面永远在变化之中，又万变不离其宗。文化是一个融合和不断演化的过程。因此，文化安全的核心问题是在国际化背景下提升文化竞争力的问题，而文化竞争力的提升只有在发展和交流中才能实现。

一、文化发展对于文化安全的意义

文化发展是文化安全的核心概念，无论是在国内还是国际层面都是国家的重要政策和战略议程。随着全球化的推进，文化发展开始成为一种重要的战略及政策取向。发展文化旨在帮助个人能够有更丰富的生活，帮助国家更适应全球化的变化。

联合国教科文组织一直关注文化发展的重要性和文化发展的路径。该组织策划了“世界文化发展十年”（1988～1997），并于1992年成立了以联合国前秘书长佩雷斯·德奎利亚尔为主席的世界文化与发展委员会。1995年该委员会推出了题为《我们创造的多样性》的报告，深入论述了文化在人类发展中的极其重要的作用。报告指出，发展不仅包括得到商品和服务，而且还包括过上充实的、满意的、有价值的和值得珍惜的共同生活，使整个人类的生活多姿多彩。因此，文化作为发展的手段尽管很重要，但它最终不能降到只作为经济发展的促进者这样一个次要的地位。[2] 1998

[1] 陈序经:《文化学概论》，中国人民大学出版社2005年版，第28页。

[2] Our Creative Diversity（http://unesdoc.unesco.org/images/0010/001055/105586e.pdf）.

年，联合国教科文组织在斯德哥尔摩召开“文化政策促进发展”政府间会议，来自150多个国家的文化部长和高级官员，以及文化组织的代表、代理人、委员会、基金会和非政府组织参加了此次会议。会后，发表《文化政策促进发展行动计划》，[1]为其后许多国家在文化领域内的政府行动提供了行动框架和基准。该计划高度评价文化在发展中的重要作用，并明确提出发展原则、发展目标和发展措施。这份《计划》指出，“可持续发展和文化繁荣是互相依靠的……”“文化的创造性是人类进步的源泉。文化多样性是人类最宝贵的财富，对发展是至关重要的。”“对今日世界来说，文化间的对话成为最主要的文化和政治挑战之一……”“文化政策应该致力于创造一种多元共同体的国家意识……将其植根于男性和女性都能接受的价值观之上，并为国家所有成员提供得以介入的机会、空间和声音。”在发展过程中，文化的繁荣同工业和后工业经济一样，也是社会整合、政治民主和经济平等的决定因素之一。《行动计划》还列出了国家通过这些原则所应该达到的广泛的目标，例如：使文化政策成为发展战略的一个重要组成部分；提高文化生活的创造性和参与性；加强文化遗产保护方面的政策和实际行动，促进文化产业的发展；在信息社会中提高文化和语言的多样性，并以此促进信息社会的发展；为文化发展提供更多的人力和财力资源。《行动计划》还推荐了实现这些目标的具体措施。“未来世纪的文化政策必须面向和更加适应新的飞速发展的需要”，因此，将文化从“边缘”引入各国政策制定的中心已成为各国决策者的当务之急。

联合国教科文组织的报告为我们更好的认识和实施文化发展提供了较广阔的视野，为我们进行文化发展提供了目标和路径。该组织还从7个方面来论述文化发展的路径：经济方面体现于文化活动对经济的贡献、对就业岗位的提供、文化产品和服务的家庭消费；教育方面体现在对人力资本的投资，文化鉴赏能力的提升，对于文化职业的投资；文化遗产的保护；文化交流中的表达自由、提供交流的环境和文化多元化的媒体；政府要保

[1] http://unesdoc.unesco.org/images/0011/001139/113935eo.pdf.

证人们文化权利的享有，文化基础设施的提供，对公民社会的参与；社会方面要参与文化活动，相互之间的信任；在参与文化的能力和机会方面男女享有平等的权利。联合国教科文组织主要从人类普遍意义的发展而研究的文化发展，源于广义文化的含义。对于民族和国家而言的文化发展是基于狭义的文化概念，我国学者从福利性质、产业性质、精致文化和专业研究、价值观和生活方式这四个维度分析文化发展的内涵和特征。[1]

二、文化交往和文化安全

文化的民族性和时代性一直贯穿文化发展的始终。一种文化既有民族性，又有时代性。一个民族自己创造文化，并不断发展，成为传统文化，这是民族的文化性。一个民族创造了文化，同时在发展过程中它又必然接受别的民族的文化，要进行文化交流，这就是民族的时代性。民族性与时代性有矛盾，但又统一，缺一不可。继承传统文化，就是保持文化的民族性；吸收外国文化，进行文化交流，就是保持文化的时代性。[2] 文化的特性决定文化交往与文化安全有着必然的联系。

在人类发展的历史上，无论怎样评价文化交往对各民族、对世界的意义都是不为过的。任何一个民族的实践、活动能力及其所创造的智慧都无法等同于所有民族的实践、活动和文化创造力。如果没有各个民族的文化交往，世界的发展肯定要大大迟缓，孤立发展的各个民族也必然发展迟缓。从世界历史中可以清晰地看出，发展迅速的民族都是与那些与其他民族之间有着便利的交往条件因而交往频繁的民族。广泛的文化交往可以直接利用其他民族的创造促进自身的发展。各民族对外交往的实践，既有对文化交往意义的认识，也有迫于外部的压力。如果不开放，不与其他民族加强文化交往，不积极利用各民族人民的创造，那么就将在世界文明的发

[1] 毛少莹：《何谓“文化发展”》，选自于平、傅才武主编：《文化创新蓝皮书 2011》，社会科学文献出版社 2011 年版，第 197—210 页。

[2] 季羡林：《季羡林谈文化》，人民日报出版社 2011 年版，第 118 页。

展过程中落得更远。美国历史学家斯塔阿里斯诺夫指出:“如果其他地理因素相同，那么人类取得进步的关键就在于各民族之间的可接近性。最有机会与其他民族相互影响的那些民族，最有可能得到突飞猛进地发展。实际上，环境也迫使它们并非迅速发展不可，因为它们面临的不仅是发展的机会,还有被淘汰的压力。如果不能很好的利用相互影响的机会求得发展,这种可接近性就常会带来被同化或被消灭的危险。相反，那些处于闭塞状态下的民族，既得不到外来的促进，也没有外来的威胁，因而被淘汰的压力对他们来说是不存在的，他们可以按原来的状况过上几千年而不危及其生存。”[1]实际上，随着世界历史的发展，各民族相互依赖关系的形成，民族的发展及其发展道路的选择都不仅仅取决于该民族本身，而是同时取决于它所处的交往关系,任何欲孤立于民族交往之外的发展已经是不再可能,一个民族若想要获得发展，就必须参与到其他民族的交往之中。

文化交往是有民族交往以来就存在的客观历史现象。从不同的角度可以划分出文化交往的不同类型。从文化存在形式上可以分为物质交往、精神交往和活动交往；从内容上可以分为经济交往、政治交往、学术交往、军事交往、社会交往；从交往的主体上看，可以分为个人之间的交往、团体之间的交往、民族之间的交往、国家之间的交往、区域之间的交往；从交往的手段上看，有商品贸易、民族或人员迁徙和流动、战争和征服、互派留学人员、学术讨论会、跨国活动等；从交往的方式上看，有平等和不平等的交往、有公平和不公平的交往、有和平和非和平的交往等等。这些性质不同、内容不同、形式不同、方式不同和主体不同的交往模式相互重叠、交织在一起，构成了人类社会的交往之网，而这个网结就是文化。任何个人、国家、民族都存在于这一多重复杂的文化之网中。文化交往包括一切民族之间的自觉和非自觉的文化往来。在文化交往中应当正确处理文化的普遍性和民族特殊性的关系。文化的民族性差异和时代性差异的存在,各民族在文化交往中从自身的国情（自然条件、文化传统等）出发，选择

[1]［美］斯塔阿里斯诺夫:《全球通史——1500年以前的世界》，上海社会科学出版社1999年版，第57页。

那些适合于自己的优秀成果，无疑是明智和正确的，盲目照搬是行不通的。但一定防止过分夸大和强调民族或国情的特殊性，夸大民族文化的异质性倾向，就会轻视文化交往的意义，甚至拒绝文化交往。

当前，随着经济全球化、信息化的发展，文化传播的形式、速度和力度都出现了前所未有的变化，普遍的联系条件、开放的国际环境，大流量多方位的商品贸易、大规模的跨国生产和经济活动、网络的传播媒介、人员全球范围的频繁活动等等都使文化交往日益广泛、频繁和深入。一些国家尤其是西方发达国家凭借其经济实力、科技优势、营销手段以及政治推动，对其他国家进行文化渗透，严重影响这些国家的文化安全。从实际情况看，中国是一些国家进行文化渗透的重要目标，我国文化的发展正受到各种各样的威胁和挑战，维护国家文化安全的任务非常艰巨。比如，在意识形态领域，一些西方敌对势力始终没有放弃对我实施“西化”、“分化”的图谋，动作频繁；在文化交流领域，西方的文化产品（特别是影视产品和动漫游戏）、语言文字、学术理论、节庆习俗等对我国的传统文化、主流价值观、社会科学和生活方式等形成冲击，文化霸权凸显。文化霸权主义无疑应当受到我们的谴责和抵制，但同时也应该认识到，文化霸权主义是借助于经济实力的，而这种经济实力正是其文化孕育出来的。在应对强势文化挑战时应当深思强势文化何以强势，文化霸权何以可能。维护文化安全的方式是挖掘和充分利用自身的文化资源增强经济实力和文化影响力。受到文化霸权主义挑战的文化在许多情况下是文化交往过程中文化信息由高向低流动这一普遍规律所造成的。不能因为文化霸权主义就排斥某种文化甚至是拒绝文化交往，而是应该应对文化霸权主义的挑战中振兴自身的民族文化。

在文化交往中，要区分作为民族智慧的文化和作为民族身份的文化。文化是民族的存在方式，是民族之间相互区别的标志，因此文化的差异就是民族的差异；同时，文化本质上是人类各民族在实践中创造和积累起来的生存和发展的智慧，所以民族文化之间的差异也是民族智慧的差异。一个民族的价值不是它创造了文化，而是创造了独特的生存和发展的智慧，以及它的智慧对于其他民族和对于人类的贡献。当侧重民族文化的身份认同时，往往会对文化交往采取谨小慎微的态度，特别是当一个文化在交往中处于弱势地位时；当侧重于文化的智慧时，就会对文化交往采取更积极的态度。中国文化在清朝的拒绝交往，既有自视清高，对其他民族文化不屑一顾的一面，更有惶恐“丧失自身”、“国将不国”之忧的一面。其实身份与智慧并不是对立的，而是统一的。中国改革开放以来，开始与世界各国广泛交往，实现了30年的巨变，中国依然坚持马克思主义在意识形态领域中的主导地位，中国依然以独特的文化屹立于世界民族文化之林。中国是和平发展过程中的文化大国，只有通过文化发展和文化交往，增强文化竞争力和拓展文化利益的方式来维护文化利益，才能获得中国和平发展背景下的文化安全。

三、文化产业和文化安全

文化、产业和经济本来是几个互不相干的领域，但是现代经济与社会发展尤其是信息化和全球化将他们结合在一起，形成属于经济学范畴的文化产业。

文化产业是以文化作为生产要素，为提升人类生活尤其是精神生活的品质而提供的一切可以进行商品交易的生产与服务，其概念更多指向“商品形式或商业模式的文化”。文化产业一词由德国“法兰克福”学派的重要代表人物之一本雅明在1926年撰写的《机械复制时代的艺术》中首先提出的，当时并未引起人们足够的重视。21年后，“法兰克福学派”另两位代表人物阿多诺与霍克海默在1947年出版的《启蒙辩证法》一书中提出了“文化产业”这一名词，从哲学和艺术学价值判断的双重角度对文化产业进行否定性的批判，并指出文化元素一旦与现代科技结合形成工业体系，就会产生巨大的影响社会的力量。[1]之后，对于文化产业的概念、功能及社会地位，西方学者进行了旷日持久的争论。

联合国教科文组织对文化产业的定义是“融合创作、生产与商业的内容，这些内容在本质上具有无形资产与文化概念的特性，并获得知识产权的保护，而以产品或服务的形式来呈现的产业”。[2]具体的文化创意产业项目包括视觉艺术、表演艺术、工艺与设计、印刷出版、电影、广告、建筑、歌舞剧与音乐的制造、多媒体、视听产品、文化观光和运动等。文化产业应该具有以下含义：文化产业是生产文化产品、提供文化服务的同类或具有密切替代关系的产品、服务的企业的集合；文化产业应以利润为追求目标，这也是文化产业和文化事业的根本区别；从产业功能看，文化产业应该以满足市场的精神需求为主要功能，文化产业可分为内容产业和媒介产业两个相互补充、相互交叉的产业门类。

文化产业与其他物质性产业相比具有一些明显的特征：[3]第一，文化产业创新性强，具有内生的收益递增发展机制，文化产业是一种创意产业，产业的整合和发展必须拥有新思想和新观念，进而创造财富，文化产业还要凭借其创新性应对千变万化的市场；第二，文化产品开发成本高，复制成本低；第三，文化产业渗透性强，具有很强的外溢效应；第四，文化产品生产和消费不确定性大，文化产业整体风险大；第五，文化产业外部性强，具有多元化的追求目标；第六，文化消费网络效应强，具有需求规模经济性。文化产业的上述特征决定了如何充分发挥产业政策的引导效用和示范效用、如何降低文化产业发展中的风险、提高文化产业投资的回报率是政府在制定文化产业政策需要重点考虑的问题。

文化产业的多重属性反映在各国文化产业政策价值取向的多样性之

[1] ［德］马克斯·霍克海默、西奥多·阿多诺著，渠敬东、曹卫东译：《启蒙辩证法——哲学片断》，上海人民出版社 2003 年版。

[2] UNESCO: Culture, Trade and Globalization: questions and answers, UNESCO: The Division of Creativity, Culture Industries and Copyright, 2000, p.12.

[3] 顾江主编：《文化产业规划案例精析》，东南大学出版社 2008 年版，前言第 1 页。

中，主要有经济、政治、社会、文化和意识形态等价值取向。[1]经济性是从文化产业的经营性特征而言的。文化产业是一种市场经济形态，必须讲究投入产出、成本核算、市场规律等。文化性是文化产业的更本质的一种属性，这一属性也使文化产业区别于其他产业。所谓文化性是关于文化的生产、流通、消费和交流，是满足于人们的精神需求，满足人类社会的精神发展的需要。文化产业革命丰富了人类创造财富的手段，革命的先行者对于文化生产和文化传播的控制,威胁到了他人对于同样文化权利的拥有。文化产业也正是在这个意义上具有国家文化安全的意义。政治性是文化产业具有对国家政治的干涉性特征决定的。文化产业主要是内容生产、供应和服务。由于在现代社会条件下，任何的内容生产都包含着对现行政治行为肯定或否定的政治态度，而这种态度会对社会造成影响，形成公众对政治主体的褒贬态度，进而影响到政权的巩固和国家的稳定。文化产业特别是它的核心部分如新闻传播作为舆论工具具有强烈的干政性和参政性。社会性是指文化产业对人们的社会生存的一种影响状态。文化产业是通过文化产品的生产和传播，作用于人的精神世界，满足人们的精神消费需求，影响人的生活态度和生活方式，改变人观察世界和认识世界的思维模式，进而影响人的社会行为。尤其是文化产业和信息产业的相结合，文化传播模式向数字化、大众化、娱乐化转变，正在深刻地改变着人们的交往方式和思维、行为方式。德国媒体心理学家温特豪夫·斯伯格教授通过对电视和人们的行为心理关系研究后指出：电视悄然成为一个隐蔽的教育者，开始塑造新的社会性格。[2]手机短信、网络游戏等一些新型的文化产业日益成为人们的社会化存在的重要样式。

“文化产业”的概念为世界各国学者接受和承认，并在世界范围内得到迅速传播和研究，成为人类社会经济生活发展中涌现出的新课题。很多国家和地区开始把创意产业作为战略产业和支柱产业，并采取相应的

[1] 胡惠林:《文化产业学》，高等教育出版社 2006 年版，第 62—66 页。
[2]《看电视，是在塑造“冷酷的心”》，《新华每日电讯》2005 年 3 月 10 日。

政策措施和手段来积极推动和扶植其发展。文化产业在欧美国家中已经成为支柱性产业，在国际贸易中所占比重越来越大。根据联合国贸易发展会议在2010年发表的创意经济报告（The Creative Economy Report）指出，2002~2008年间，全球创意产业外销额（包括创意产品和创意服务）从2670亿美元成长到2008年的5920亿美元，年增长速度在2002~2008年为14%，其中，欧美国际在文化创意产业外销市场中仍居于主导地位，具有文化输出的优势，然而，发展中国家在推动文化产业政策的带动下，与发达国家的比例在缩小，发展中国家的文化创意产品出口在全球市场中的比例由2002年的37%上升为2008年的43%。[1]文化产业迅速发展的当下，民族国家文化安全的威胁主要来自于文化产业这样具体的现代文化表现形态。故与一般产业相比，文化产业的发展具有双重功能：经济和战略意义，并不仅仅是一般的满足经济文化发展的需要，而是对一种新的战略资源的掌握，是对一种战略市场的争夺，是一种对新的文化存在的主导权的争夺。[2]因而，发展文化产业已经上升到维护国家文化安全的层面。文化产业是文化安全的重要组成部分，也是维护文化安全的重要保障。

[1] UNCIAD:Creative Economic Report 2010, P.127（http://www.unctad.org/en/docs/ditctab20103_en.pdf）.
[2] 胡惠林：《中国国家文化安全论》，上海人民出版社2011年版，第349页。

第二章　中国的文化安全战略

当我们在思考文化安全时，是相对于“文化渗透”、“文化控制”而言，是一种相应的“反渗透”、“反控制”、“反同化”的文化战略。文化安全更多的是防止异质文化对本民族文化生活渗透和侵蚀。保护本国人民的价值观、行为方式、社会制度不被重塑和同化。因此，中国在认识文化安全时更重视外部威胁，从文化主权的角度思考文化安全。然而，文化安全的威胁不仅来自外部，还来自内部。不仅要从文化主权的防御角度审视文化安全，还要从发展和交往的角度维护文化安全。文化安全的维护路径需要对内政策和对外政策的结合，需要文化主权防御和拓展政策的结合。

第一节　人们对文化安全的认识

概念是思维的基本形式之一，反映客观事物的一般的、本质的特征。对于概念的认识，不仅反映人的思维能力，而且反映实践的本质，与现实密切相关。概念是认识之网上的一个网结，不是来自于直观的概念是空的，只有直观的现象而没有上升到概念的认识则是盲目的。当我们要对一个现象做出概括时，要探寻认识这个概念的网络。

文化安全是基于对文化和安全理解之上的概念，这一概念是在冷战后被人们所认识和重视的。人们对文化安全的认识夹杂了传统安全和非传统安全的因素，主要从文化主权和国家利益的角度思考文化安全。

文化安全是在全球化和信息化背景下提出的一个重要文化命题和国家安全命题。虽然人们早就感知到文化安全的存在，但作为一个完整的概念和理论形态，文化安全的概念是随着全球化时代的到来而得到关注。20世纪80年代以来，人类文化的发展面临新的机遇和挑战。随着东欧剧变和苏联解体，冷战的结束导致世界政治格局发生质的变化，以对峙为特征的政治军事关系转向文化认同关系；世界经济的融合趋势增强，世界经济组织的功能日趋强大，制度和规则乃至话语权的重要使文化关系渗入经济领域；全球联系的增强使人们之间的距离缩短，改变着人们的生活方式和交往方式，也引发了文化的交流、融合和相互渗透；全球化也引发了全球问题，人类社会的生存状况发生了变化。西方学者首先意识到文化安全的现实性和紧迫性，并从不同角度进行理论上的探讨和解释，主要从人类安全和国家利益的角度来认识文化安全。

一、从人类安全的高度对文化安全的审视

从人类安全的视角和战略高度关注文化安全的是联合国发展计划署，

该机构在1994年发表主题为“人类安全的新领域”的《人类发展报告》。报告认为对于当今大多数人来说，不安全感更多地来源于日常生活的担忧，而不是出于对世界灾难性事件的恐惧，需要从核安全到人类安全思维的转变。报告认为人类安全是以人为核心的相互依赖的多维安全，列举了涉及人类安全的七个方面，即经济安全（基本收入有保障）、粮食安全（确保粮食供应充足）、健康安全（相对免于疾病和传染）、环境安全（能够获得清洁水源、清新空气和未退化的土地）、人身安全（免遭暴力和威胁）、共同体安全（文化特性的安全）和政治安全（基本人权和自由得到保护）。[1] 人的生存与发展是人类安全的核心，其本质是人类的文化安全。正是基于这种思考，2004年联合国发展署发表了以“当今多样化世界中的文化自由”为主题的《人类发展报告》，指出文化自由之所以是人类发展的重要部分是因为选择自己的认同在生活中的重要性；文化自由是允许人们按他们的价值观生活，例如教育、健康和工作机会等不被排除在外；权力分享是解决危机的关键，多文化政策要认识到基于历史和社会的原因而形成的各团体的文化差异。[2]

英国全球化学者简·阿特·斯图尔特认为，“人类安全不仅包括军事、生态和经济状态等各种物质问题；还有心理和文化内涵。确定的自我观念对安全来说具有重要意义，这种观念指拥有感到安心的自我以及确信社会将对此存在方式予以尊重和保护……文化安全即人们对价值结构的安全和信心”。[3] 美国学者彼得·伯杰认为文化安全是人类安全研究的一个重要子领域，他用“文化地震”一词来形容文化安全，地震来袭时，不同的人做出不同的反应，有些人安然接受，有些人或借助于宗教，或借助于民族主义力图抗拒。但是，还有些人不是全盘拒绝，其典型的是有些国家的政府企图既参与全球经济又抵制全球文化，在二者之间寻求平衡——这方面

[1] United Nations Development Programme（UNDP）: Human Development Report 1994, Oxford University Press, 1994, pp.22–40.

[2] United Nations Development Programme（UNDP）: Culture Liberty in Today’s Diverse World, Human Development Report 2004, Oxford University Press, 2004.

[3]［英］简·阿特·斯图尔特著，王艳莉译:《解析全球化》，吉林人民出版社2003年版，第354页。

最重要的例子是中国，在接受与拒绝二者之间求折中。[1]中国学者也从全球视野思考文化安全，认为文化安全是人类生存与发展的基本前提，是文化主体（包括人类、民族、国家、个人等）生存权利和生存方式（包括生产方式、生活方式、思维方式和交往方式等）及其文化成果的认同、尊重和保护，从而使文化主体在生存和发展过程中没有威胁、危机和危险。[2]

二、从国家安全和文化主权的视野对文化安全的思考

从国家安全的视野思考文化安全主要指对国家利益和文化主权的维护。20 世纪 90 年代，在关贸总协定的乌拉圭回合谈判上，法国针对美国提出的产品贸易自由化问题，提出了“文化例外”政策，[3]受到欧共体各国的拥护，并最终赢得了胜利。这一事件的争论，历时数年，由法国扩大到整个欧共体国家，引起了各国政府的广泛关注，并逐渐演化成为一种文化安全思想。从这一事件的表面现象来看是纯粹关于视听产品是否要纳入服务贸易总协定，而实质则是关系到对文化主权的捍卫。近年来，法国政府不再提文化例外，而是强调文化多样性，进一步确认各种文化是平等的。

美国学者没有忽视对文化安全的研究，强调文化安全对国家利益的作用。福山、布热津斯基、亨廷顿、斯奈比特等学者为了在世界新格局中继续保持美国的霸权地位，纷纷就美国的国家利益发表了一系列观点。布热津斯基认为，在全球化时代，不安全将成为持久的现实，持续不断的寻求国家安全将成为主要目标。对于美国来说，这同样是一个文化难题。[4]美国学者亨廷顿认为“美国信念”经过近百年的发展，已经从例外成了普通，

[1]［美］塞缪尔·亨廷顿、彼得·伯杰著，康敬贻、林振熙、柯雄译：《全球化的文化动力：当代世界的文化多样性》，新华出版社 2004 年版，引言第 9 页。

[2] 李金齐：《全球化时代的文化安全研究》，中国社会科学出版社 2008 年版，第 62—63 页。

[3] 文化例外是法国前文化部长雅克朗率先于 20 世纪 80 年代提出来的，是法国一项重要的文化政策。1999 年法国文化部长托德曼在《世界报》上撰文《文化例外不容置疑》，反对美国把视听产品纳入世界贸易组织服务贸易规章之中。详见朱威烈主编：《国际文化战略研究》，上海外语出版社 2002 年版，第 128 页；贝尔纳·古奈：《反思文化例外论》，社会科学文献出版社 2010 年版。

[4]［美］兹比格涅夫·布热津斯基：《大抉择——美国站在十字路口》，王振西主译，新华出版社 2005 年版，第 6 页。

美国式的民主制度作为一个普世价值已被世界各地越来越多的人接受，或者至少在理论上承认它是治理国家的唯一合理形式。另一方面，他又满怀忧虑的认为没有任何一个社会是永恒的，即使是最成功的社会，也会在某个时候遇到内部分解和衰落的威胁，或者受到更加激烈和无情的外部“野蛮”势力的威胁，美国也不例外。[1]

在 20 世纪末尤其是中国加入世界贸易组织之后，在西方文化迅速在国内蔓延和扩张，传统文化和文化传统出现被边缘化的趋势下，中国学者对文化安全逐渐重视，主要围绕着国家利益和主权来思考文化安全的。关注文化安全的学者主要来自政治学、国际政治学、文化研究和传播理论研究等领域的学者。从国家主权意义上界定文化安全具有外向性，指一个国家的文化不受外来文化的干扰和渗透。[2] 有的学者认为国家文化安全能够维护本国意识形态,能够保持文化的民族性以及维护文化健康发展的能力。文化安全的核心是要维持本国的文化利益,本质是要维护本国的文化主权，保持在文化上的自主性，独立性和以及文化的健康发展。[3]

有的学者认为文化安全是一国在文化精神领域不受外来文化的干扰、控制和同化，能够保持本国意识形态的独立性和自主性，保持本民族的价值观念、生活方式、风俗习惯的民族性和独特性。[4] 胡惠林认为文化安全就国家主权意义而言，一个国家的文化主权神圣不可侵犯，一个国家的文化传统和文化发展选择必须得到尊重，包括国家的文化立法权、文化管理权、文化制度和意识形态选择权、文化传播和文化交流的独立自主权等，这是国家文化安全的最核心内容。维护国家文化安全，就是保障国家文化主权，捍卫国家文化主权的独立性和自主性。[5] 从国家主权的角度思考文化安全，其核心是意识形态和价值观不受威胁，没有危机。“国家文化安

[1] ［美］塞缪尔·亨廷顿:《我们是谁——美国国家特性面临的挑战》，程克雄译，新华出版社 2005 年版，第 11 页。

[2] 王公龙:《文化主权与文化安全》，载《探索与争鸣》，2001 年第 9 期；潘一禾:《文化安全》，浙江大学出版社 2007 年版。

[3] 曹泽林:《国家文化安全论》，军事科学出版社 2006 年版，第 32 页。

[4] 田文林:《国际政治视野中的文化因素》，载《现代国际关系》，1999 年第 9 期。

[5] 胡惠林:《中国国家文化安全论（第二版）》，上海人民出版社 2011 年版，第 17 页。

全是国家以主流价值体系为核心的各种文化体制、机制、秩序的运行常态及其所表示的国家文化主权、文化力以及文化尊严的完整性、有机性不被国内外敌对势力和相关活动所干扰、妨碍、侵蚀与破坏。”[1]因此，从国家主权的意义解读文化安全强调对国家利益的保护，反对文化霸权，认为文化安全是一个与文化扩张与文化霸权相对应的概念。[2]从文化主权的角度思考文化安全是基于传统安全的角度，传统安全观中强调国家主权、领土完整和国家政治独立等,这些安全的威胁主要来自国外或境外的敌对势力。

有的学者从非传统安全的角度分析文化安全，认为文化安全主要指人们认为自己所属“国家—民族”的基本价值和文化特性不会在全球化大势下逐渐消失或退化的安全感,具体指政治文化和社会管理制度上的安全感;传统文化和独特价值体系上的安全感；民族语言和信息传播上的安全感;国民教育体系和国民素质上的安全感等。[3]这种安全感的获取不是在封闭自守和排斥其他文化的状态下获得的，而是在文化发展、文化交流和融合中获得真正的安全感，这就需要尊重国际文化关系的复杂性和联动性，也需要运用新理念，以新的视野促进跨国合作。“在一个多种文化和相互依赖的世界中，保持不宽容态度是自杀的，只赞成被动宽容是不够的。从一种对抗和共存的文化转变为一种参与和互存的文化是一项诫命”。[4]上海交通大学胡惠林教授分析了文化安全的概念体系，通过分析文化安全与政治安全、经济安全和社会安全的关系，以及在这种关系中反映出了的国际关系与内政的关系、国家与社会的关系、国家整体利益与个人需求关系，从系统整体的观念对国家文化安全进行界定，认为国家文化安全是关于一个国家以文化生存与发展为基础的集合，一种由这种集合形成的动力结构规定和影响一个国家文化生存与发展的全部合法性与合理性的集合体。[5]

---

[1] 吴满意等:《中国文化安全面临的挑战及其战略选择》，载《当代世界与社会主义》，2004 年第 3 期。

[2] 韩源:《全球化背景下维护我国文化安全的战略思考》，载《毛泽东邓小平理论研究》，2004 年第 4 期。

[3] 潘一禾:《文化安全》，浙江大学出版社 2007 年版，28 页。

[4] ［美］欧文·拉兹格著，王宏昌等译:《布达佩斯俱乐部全球问题最新报告——第三个 1000 年》，社会科学文献出版社 2004 年版，第 151—152 页。

[5] 胡惠林:《中国国家文化安全论（第二版）》，上海人民出版社 2011 年版，第 15—20 页。

无论从传统和非传统安全的视角分析文化安全，都强调来自于外部威胁的文化安全，具有外向性。从文化本身的含义来解读文化安全则反映了文化安全的内部因素和内生威胁。文化在国家稳定、民族认同所起的凝聚力作用具有不可替代性。文化是维系一个国家、一个民族团结和稳定的重要基础，是一个国家综合国力的重要组成部分。从内部而言，文化安全的威胁因素主要来自于经济发展导致的价值观念变化，堡垒往往是从内部攻破的，如果一个民族或国家对自己本身的文化缺乏认同、不保护，无从谈起文化安全，更无从谈起自身文化受到其他国家和民族的认同。主流意识形态为核心的文化发展和繁荣是文化安全的保障。文化的强盛和繁荣是一个民族凝聚力和认同感的重要影响因素，这种凝聚力和认同感可以抵御来自外部的文化威胁，极大提高国家整体的安全程度。一个国家文化安全危机的爆发，则往往是在内外两种因素和力量共同作用下的结果。

第二节　维护文化安全是中国的战略议程

维护文化安全是国家利益的重要内涵，然而，不同国家因国情不同文化安全的核心内涵而有所不同。一般而言，发展中国家主要从国家独立、民族传统的保持、民族精神的振兴来理解文化利益；而西方发达国家则以文化作为推行对外战略的手段，实施文化殖民主义，在维护文化安全的过程中,对西方国家和发展中国家而言涉及的是文化入侵和文化保护的问题，对于很多国家而言，维护文化安全是国家的一项战略议程，主要是因为战略本身就包含着文化方式和文化目标，冷战后国际战略形势的变化突现了文化安全的重要性。

一、文化安全是一项战略议程

战略议题本身就包含着文化内容。美国战略学家约翰·柯林斯在其著作《大战略》中明确指出，大战略是在各种情况下运用国家力量的一门艺术和科学，以便通过威胁、武力、间接压力、外交、诡计以及其他可以想到的手段，对敌方实施所需要的各种程度和各种样式的控制，以实现国家安全的利益和目标。[1]战略是一个国家运用自身的各种手段和资源——政治、经济、军事、文化和意识形态等——保护并拓展本国国家利益的一种艺术和科学。国家战略是一定时期国家战略利益的反映，是对面临危机和挑战的反应，涉及到政治、经济、文化和军事资源，也关乎军事、政治、经济和文化等领域的战略目标。在不同的发展阶段国家战略形态总是以具体的方式来反映国家的战略需求和欲求，军事战略、经济战略、文化战略和政治战略等在不同的时期在国家战略形态中居于不同的角色和地位。

战略是根据国际形势和格局的变化做出的一种选择。冷战后国际格局的演变和全球化背景下，掩盖在意识形态对立下的文化在国家安全和国家战略中的重要性日益突出。苏联解体和东欧剧变结束了两大对立的社会阵营，许多国家的战略选择不再以意识形态和国家制度来划线，和平与发展成为国际战略环境的主题。国家权力的内涵在扩展，制度权力、信息权力和基于共识的文化对外吸引力成为衡量国家实力的重要标准,而军事施压、经济制裁等传统影响力的合法性受到制约。文化在国家之间的竞争中开始居于重要角色，“文明冲突论”、软实力等学术概念的提出，相关国家的软实力推进战略体现了冷战后文化居于重要角色的趋势。国家安全战略的制定需要重视新的权力资源和文化影响力，因此文化安全在国家安全中的地位得到提升。

文化安全的内容和形式在后冷战时期发生了重大变化。文化安全的内容更加多元，文化安全所涉及的领域大大拓宽，从技术文化安全到制度文化安全，从社会文化安全到民族文化安全，从传统的文化安全到网络信息化文化安全。文化安全的主体由传统的社会文化主体和民族国家主体，向更多元更复杂的层次扩展。人们思考文化安全问题的方式也不再简单的以

[1]［美］约翰·柯林斯:《大战略》，中国人民解放军军事科学院，1978 年版，第 412 页。

阵营归属作为判断标准，而是更多认识到本国文化与其他国家文化之间的互补性。

后冷战时期，文化安全的作用形式发生了转变。文化安全主要是对不同文化之间相互安全的描述，却往往是对异质文化相互冲突关系的描述。文化的冲突主要来自两种文化的接触方式，一种是和平的文化交流过程中产生的相互接触，相互渗入甚至是主动的文化移入过程中产生的排斥和对立；另一种是战争的方式，也就是体现在征服者对被征服者文化的敌对和文化的改造上。冷战是一种没有热战状态的对抗，军事领域的对峙并没有妨碍文化领域的热战，文化安全上表现出敌对态势。冷战后，文化安全问题主要表现为文化交流之间产生的文化冲突进而引起的文化安全问题，“温和”的文化包装掩盖下的文化入侵，因其巨大的破坏力和隐蔽性仍成为文化安全的鲜明特征，同时文化安全的国内因素也逐渐浮出水面。任何一个国家的文化战略都包含国家内部文化发展战略和国际文化战略，国内和国际的文化战略相互联系和影响。缺乏国际性的国家文化战略没有任何意义，没有国内的文化发展和建设，就无法面对国际文化的压力和挑战。国家文化战略总是一个主权国家关于国际文化形势的基本判断，这一判断影响着该国的国内文化战略，也影响其他国家的文化战略。

文化获得了战略意义，文化建设、文化安全的维护成为国家大战略的重要组成部分。文化安全作为冷战后全球化背景下开始成为居于重要角色的国家安全形态，直接关系到国家的现状和未来，直接关系到在和平与发展的主题下国家利益和拓展、国内社会的稳定和国家形象的维护，直接关系到一个国家在变动的世界格局中的战略位置，维护文化安全从而现实地成为国家的一项战略议程。

二、软实力竞争是国际文化安全战略的主题

一个国家的安全度和一个国家的实力有着必然的联系，而人们对于国

家实力的观念和认识是不断发展和变化的。长期以来，评估一个国家强大的指标总是经济和政治这些物质因素。1980年，美国中央情报局前副局长、乔治敦大学战略与国际研究中心主任R.S.克莱因明确表示：在国际舞台上的实力乃是一国政府去影响他国政府去做本来不愿为之的某一事情的能力，或者使他国不敢去做本来跃跃欲试的某一件事情的能力，而不论其影响方式是利用说服、威胁或明目张胆的诉诸武力。[1]他提出分析国家实力的"克莱因方程"，把国力分为物质和精神要素两大类。物质要素有包括人口和领土的基本实力（C:critical mass）、包括国民生产总值、能源、矿物、工业生产、粮食和世界贸易的经济能力（E:economic capability）、包括战略力量和常规力量的军事能力（M:military capability）；精神要素是指战略意图（S:strategic purpose）和国家意志（W:will to purse national strategy）。即：

综合国力（P）=（C+E+W）×（S+W）

在这个方程式中，克莱因把精神要素作为综合国力的一个重要组成部分，与物质要素是相乘的关系。国家实力向精神领域的扩展意味着文化在国家实力评估和国家安全中的重要性。后冷战时期软实力的提出则是这一趋势的体现。软实力理论把文化作为综合国力的重要组成部分，是影响国家盛衰和世界进程的重要力量，发展文化、提升文化的国际吸引力作为提高综合国力和国际竞争力的一项国家战略。文化本身不再是手段，而是一种目的，从而引发全球性的文化竞争。

尽管之前已有一些学者对软实力问题进行了探讨，但美国学者约瑟夫·奈是第一个明确提出软实力概念并加以系统论述的人。从1990年开始，曾先后担任美国助理国防部长、国家情报委员会主席、哈佛大学肯尼迪政府学院院长的约瑟夫·奈发表关于软实力的文章，之后在其专著中明确提出并阐明了"软实力"概念。[2]他认为，软实力就是通过吸引力而非高压政策在国际事务中达到希望达到的结果的能力。他通过说服别人追随自己，

[1] 克莱因：《80年代世界权力趋势及美国对外政策》；黄硕风：《综合国力新论》，中国社会科学出版社1999年版，第2页。

[2] ［美］约瑟夫·奈著，吴晓辉，钱程译：《软实力：世界政治中的成功之道》，东方出版社2005年版。

或者使别人认同自己的规划和制度，并以此方式来使别人产生自己想要结果的行为。约瑟夫·奈认为影响别人以达到你想要达到的目的的能力，主要有三种：威胁（或者大棒）、利诱（或者胡萝卜）、吸引和认同，前两者是硬实力，后者就是软实力。一个国家的综合国力不仅包括由经济、科技、军事力量等表现出来的“硬实力”，也包括间接使用实力的方法，即以文化、意识形态吸引力、政治价值观、制度等所体现出来的“软实力”。软实力理论把文化因素看作是一种影响国家兴衰和世界进程的重要力量。随着冷战结束后全球化、信息化的迅速发展，国家文化安全借着软实力概念的提出而进入到一个更加重要的位置，上升到国家安全战略层面。

当今时代，文化与经济、政治、科技等相互交融的程度不断加深，国与国经济竞争中的文化因素越来越突出，经济发展越来越依赖文化支撑，文化实力已经成为国家核心竞争力的重要因素。从一定意义上说，谁拥有了强大的文化软实力，谁就能够在激烈的国际竞争中赢得主动。如今，文化产业已作为一种新兴产业蓬勃发展起来，并日益彰显出独特的优势。文化产品与服务作为一种独立的贸易形态，已经成为国际经济贸易合作与竞争的重要方面。与发达国家相比，我国的文化产业和文化软实力建设相对比较落后，不断提升我国文化的整体实力和国际竞争力是文化安全的外在需求。在全球化进程中，主导文化力量的优势和影响力、不同文化的交流和渗透使国家面临着文化安全问题，而文化安全系数的高低则取决于文化力量的对比关系。

三、中国文化安全的战略需求

依托文化增强民族凝聚力是文化安全的内部战略需求。一个民族的文化凝结着这个民族对世界与生命的历史认知和现实感受，积淀着这个民族最深层次的精神追求和行为准则。文化熔铸在民族血脉之中，始终是民族生存发展和国家繁荣富强取之不尽、用之不竭的力量源泉。当前，随着经济全球化和世界多极化的深入发展，不同文化之间的交流、交融、交锋日趋激烈；随着我国改革开放的不断推进和社会主义市场经济的不断发展，人们的思想意识和价值取向等也日趋多元、多样、多变，一些人甚至出现了信念缺失、道德失范、心理失衡等问题。有效解决这些问题，要求我们大力提高国家文化软实力，不断增强民族凝聚力。

文化凝聚力又主要体现在人们对核心价值体系的认同上。当代中国，社会主义核心价值体系在文化建设中处于支配地位，应把建设社会主义核心价值体系作为首要任务和根本前提，坚持用马克思主义中国化最新成果武装全党、教育人民，用中国特色社会主义共同理想凝聚力量，用以爱国主义为核心的民族精神和以改革创新为核心的时代精神鼓舞斗志，用社会主义荣辱观引领风尚，增强广大干部群众走中国特色社会主义道路的自觉性和坚定性。应更好地把社会主义核心价值体系的基本要求渗透和体现到社会生活各个方面，纳入经济社会发展目标、发展规划和政策制定中，使之成为全体人民真心认同、自觉遵守的价值理念。

中华文化是中华民族生生不息、团结奋进的不竭动力，也是提高国家凝聚力和国家文化安全的思想源泉。我们应始终保持对民族文化的自信，坚持以中华优秀文化传统为基础，以外来有益文化为补充，大力发展具有中国特色、中国风格、中国气派的先进文化，不断增强中华文化的生命力、创造力、感召力。应深入挖掘和弘扬中华传统文化中的有益思想，并积极推动中华文化走出去，同世界各种文明开展对话；善于从中国特色社会主义伟大实践中汲取新鲜养分，从人民群众火热生活中汲取丰富营养，领时代潮流，引风气之先，在推动历史进步中实现国家文化软实力的提升。

文化传播能力和文化影响力是文化安全的现实保障。一个国家的文化影响力，在很大程度上取决于其有效传播能力。所谓有效传播，是指媒体所报道的内容本身具有信息价值，同时这些信息能够吸引受众并被受众准确理解。提升有效传播能力，应按照强强联手、优势互补的原则进行战略重组，加快建设若干语种多、受众广、信息量大、影响力强、覆盖全球、在国际范围有较高知名度和较强话语权的新闻传媒集团；进一步研究国外受众，改进传播方式，多用事实说话、用专家说话、用当事人说话，通过事实本身的力量说服人、引导人，在事实的客观报道中传达我们的立场和观点；充分利用我国网民数量居世界第一、网络技术和网络媒体发展迅猛等优势，加大网络舆论的管理引导，占领网上信息和舆论高地，通过网络等新媒体来提升国家形象、影响国际舆论。总之，应进一步加大投入，完善扶持政策，努力构建传输快捷、覆盖广泛的现代传播体系，形成与我国国际地位相称的强大传播格局。

第三节　中国文化安全的内涵和目标

要维护我国文化安全，必须实施全方位的文化安全战略。文化安全战略有两个纬度：必须关注跨国文化对话和国内文化建设的互动，并认真建立起国内文化创新战略与对外文化交流战略的良性互动关系。[1] 由文化全球化、贸易互动、网络、人员流动等带来的传统生活方式的变迁，既是“威胁”或“危险”，也是新的发展机遇和战略谋划空间。国家文化安全不是一个静止的概念，不同时代有不同的安全主题，造成一个国家文化安全危机的原因不是一成不变的，而是不断变化的。一个国家的文化安全受外部和内部威胁影响。有外部文化力量的威胁、内部政治危机、经济发展和政策失误等因素的影响。维护文化安全的核心是以文化的发展实现文化的繁荣，以文化的交流展现本国文化，提升软实力，实现全球范围内文化的多元并存。

一、中国文化安全的内忧外患

文化安全是在全球化的语境下逐渐得到认识和重视的，人们在思考文

[1] 潘一禾：《文化与国际关系》，浙江大学出版社 2005 年版，第 248 页。

化安全或威胁的时候，主要指的是来自外部的威胁，也就是指文化安全的外部因素。文化安全是国家安全的一部分，在逻辑上和理论上文化安全如同国家安全一样应包含国内安全和国际安全，文化安全的内部威胁在某些领域要大于文化安全的外部威胁。然而，我们在研究和思考文化安全时，更重视文化安全的外部因素，而对于内部威胁常常忽视。不可否认，影响、威胁甚至危害当前我国文化安全的因素，有很多来自外部，例如美国的渗透和“和平演变”，但是对我国国家文化安全造成更多更广更严重威胁和危害的因素则来自国内，这其中包括日益严重的道德和价值观念的迷失，以及十分复杂的“台独”和“藏独”等分裂势力因文化渗透而导致的动荡，也包括存在于国内政治、经济、社会等领域的贪污腐败、贫富悬殊、下岗失业等社会问题在文化领域的体现。

文化安全可以分为内部安全和外部安全两方面。例如意识形态安全，就既包括来自他国的威胁和危害，也包括国家内部的威胁和危害。无论对于整个国家的文化安全来说，还是对于文化安全的某个构成要素来说都包含内部安全和外部安全，有些方面内部安全甚至要重于外部安全。影响和危害文化安全包括国内和国际两方面因素，保障文化安全也应从对内和对外两个方面入手。因此，我们需要全方位认识和研究文化安全问题，确立统合内外两方面的系统安全观，需要制定包括内外两方面的国家文化安全战略。

我国文化安全问题的产生主要来自内、外两方面因素。就外部而言，主要是全球化带来的影响文化安全的因素，文化的融合与冲突使文化的民族性一定程度上受到冲击；西方文化霸权主义对社会主义意识形态的影响；高科技载体带来网络文化安全问题。中国面临的首要外部威胁和挑战是“和平演变”。长期以来，以美国为首的西方反华阵营用非军事手段，借助文化渗透等“软力量”来传播西方价值观和民主制度模式，同时施以经济利诱等手段，其实质是通过夺取文化领导权来达到瓦解社会主义基本价值体系和政治理念，颠覆社会主义政权的目的。其中，对意识形态领域的争夺是西方“和平演变”战略的重要内容。

外部因素中，“文化帝国主义”无疑是必须高度警惕的高危目标。文化帝国主义的实质是以强权形式输出、推销自己的价值观念和生活方式，实现文化“入侵”和“占领”。在理论上，极力兜售以西方中心主义为基础的各种人文、社会科学理论，不失时机地否定社会主义价值体系。在行为上，除了利用政府文告进行意识形态攻击外，还利用广播、电视、电影、报刊以及网络新媒体等一切可以利用的形式或显或隐地推销其社会政治理论和价值观念。当今以美国为首的西方发达资本主义国家所谋求的不只是政治、经济、军事的霸权，同时包括思想文化领域里的霸权。它将文化战略作为重要的国家战略，把文化霸权视为主导世界的一个重要资本。可以说，文化战略为其政治战略服务，政治战略通过文化战略来实现，这两者已经不分彼此了。内生于己的一些“内忧”同样也在影响我们的文化安全。屡见不鲜的对外国文化产品的简单模仿就是典型的例证。在有关部门的倡导下，2005 年国产网络游戏产品数量大幅度增长，但是在产品质量和水平上，大多不尽如人意：这些游戏在故事背景、人物着装、画面风格、游戏方式上无一不在模仿，真正“中国味”十足的精品佳作少之又少。而其他文化产品如动漫、流行音乐等也概莫能外。整体印象是重资本和技术，轻创意和研发，缺乏中国气派和中国特色。不仅如此，一些互联网文化企业的跨境上市带来的负面影响，也是不容忽视的因素。境外融资在迅速壮大企业实力与影响力的同时，也使其不得不在企业发展战略上考虑境外投资者的权益。而一旦企业发展主导权为人控制，难免产生不可预期的风险，当然包括文化安全的风险。必须提及的还有文化的低俗化倾向。

从内忧而言，经济发展引发了国内道德和社会危机。中国近代史中遭受的民族屈辱使中国人不得不以国家富强为最高目标，这一目标是中国的使命。然而，以富强为目的却使中国人和中国社会容易走上急功近利和专重物质成就的道路。一旦功利、物质观念侵蚀了中国文化，中国文化中的道德教化功能大大减弱，中国人就会过分讲究实际、过分重功利。功利意识和重物质的观念是西方近代思想的特色之一，然而，西方在近代之后，世俗生活和宗教生活一直分开，西方人在世俗生活中重功利和物质，但他们仍在宗教领域内却具有超越的精神。而中国缺乏宗教，中国文化中的传统发挥着道德的功能。中国文化安全的外部挑战是和平演变和文化殖民主义，内部挑战是自由主义西化论，新保守主义和腐朽没落主义是内部因素。因此，全力应对中国文化安全的内忧外患，规划和构筑 21 世纪文化发展和国家文化安全战略，成为时代赋予的任务。[1]

二、中国文化安全政策的提出

中国的文化安全意识和观念主要来源于国际政治的发展态势。2002 年 9 月 13 日，中国外交部长唐家璇在第 57 届联合国大会上发表讲话时指出，当前国际形势正发生深刻的变化，安全的内涵不断扩大，安全问题不再是纯粹的军事问题，已经涉及政治、经济、金融、科技、文化等诸多领域。唐家璇在国际舞台上代表中国政府，第一次明确提出文化安全问题，并在此基础上提出中国的新安全观。其中一个重要内容是超越意识形态和社会制度差异，摒弃冷战思维和强权政治心态，加强不同文明之间的交流与对话,防止文明对抗和冲突的发生。胡锦涛总书记 2003 年首次提出“确保国家的文化安全”要求，党的十六届四中、六中全会把文化安全列为与政治安全、经济安全、信息安全相并列的国家四大安全。党的十七届六中全会指出，在当今世界正处大发展大变革大调整、世界多极化与经济全球化深入发展、科学技术日新月异、各种思想文化交流交锋更加频繁、文化在综合国力竞争中的地位和作用更加凸显、增强国家文化软实力与中华文化国际影响力要求更加紧迫的背景下,维护国家文化安全的任务更加艰巨。显然，维护国家文化安全，关系到建设文化强国的重要目标是否能够实现。

[1] 蒋旭东:《经济全球化进程中的中国文化安全战略论纲》,《哈尔滨市委党校学报》2002 年第 6 期，第 69—73 页。

中国文化安全的实质就是中国文化建设的开展，即如何在当今的国内、国际环境中和条件下坚持马克思主义意识形态的主导地位，建设中国文化，振兴中华文化，实现民族文化的复兴。

三、中国文化安全的内涵与战略谋划

文化安全的维护应该有国内和国际两个层面。要切实维护我国的文化安全，关键要靠文化发展。在国内层次，维护文化安全主要是基于文化发展的含义，包含观念形态文化安全、文化事业安全和文化产业安全这三个主要部分。在现代中国的公共政策意义上，文化是由作为观念形态的文化、文化事业和文化产业构成。毛泽东在《新民主主义论》讨论文化与政治和经济的关系时，曾经把讨论的对象限定在“作为观念形态的文化”范围内，从而使他提出关于文化与政治和经济三者之间的关系的著名论断。中国共产党十六次全国代表大会提出了“文化事业”和文化产业“的概念，丰富和扩大了人们对文化的科学理解和认识。文化不仅作为一种观念形态的存在方式，而且还有“公益性文化事业”的存在方式和“经营性文化产业”的存在方式，对于文化概念理解的“三位一体”构成了当代中国文化形态和存在方式的基本结构与整体性，也是维护中国文化安全的路径依赖。其中，“作为观念形态的文化”是灵魂，就是马克思主义在意识形态领域的指导地位，就是中国传统文化传承的道德观和价值观，规定和决定了“公益性文化事业”和“经营性文化产业”在当代中国的运动方向和价值取向。文化产业是以市场经济的方式和形态展现文化的当代精神和特性。不同观念形态的文化决定了不同国家文化产业运动和发展的价值取向（见表2–1）。

文化安全战略从内部而言，包括维护马克思主义意识形态的主导地位，保障公民的文化权利，就是让每个公民都享有基本的文化权利；从外部而言，文化安全是维护国家的文化主权，就是保障中华文明的主体性地位。

其中，内部文化安全是基础，外部文化安全是保障。

表2–1 国内层次文化安全的内涵和维护路径

内涵	主要内容	维护的主体	目标
文化事业安全	提供公共文化服务和设施；保护遗产	公共部门	保障公民文化权利，满足文化需求
文化产业安全	实现文化与经济、文化与市场的结合	文化企业/市场	创造经济价值，提高国际竞争力
观念形态的文化安全	坚持马克思主义在意识形态领域的主导地位	以政府、学校为主的全社会	推进社会主义核心价值体现建设，维护社会稳定
	中国传统文化的道德、美德和价值观	全社会	构建平等、互爱与和谐的社会
	人类对真、善、美的追求；应对挑战和危机的能力	整个国际社会	各美其美，美美与共，构建尊重多元价值观的国际社会

1966年12月16日由第二十一届联大通过的《经济、社会、文化权利国际公约》第一次在世界范围内以具有法律约束力的条约形式确立了经济、社会、文化权利，并第一次援引《世界人权宣言》，强调了经济、社会、文化权利与公民、政治权利的同等重要性和不可分割性，确立了民族自决的权利，对于维护和促进发展权和建立公正的国际政治经济新秩序产生了积极影响。1997年10月27日，我国签署了《经济、社会、文化权利国际公约》，2001年3月27日，我国政府批准了该《公约》，同年6月27日，《公约》对我国正式生效。公约第十五条规定：

（一）缔约各国承认人人有权：参加文化生活；享受科学进步及其应用所产生的利益；对其本人的任何科学、文学或艺术作品所产生的精神上和物质上的利益，享受被保护之利。

（二）本公约缔约各国为充分实现这一权利而采取的步骤应包括为保存、发展和传播科学和文化所必需的步骤。

（三）本公约缔约各国承担尊重进行科学研究和创造性活动所不可缺少的自由。

（四）本公约缔约各国认识到鼓励和发展科学与文化方面的国际接触和合作的好处。

公民的文化权利的重要组成部分是文化自由，我国公民的文化权利与“以人为本”的科学发展观是相符的。“以人为本”就是要实现人的全面发展，也包括文化利益的满足和文化素质的提高。随着经济的增长，人们对文化消费需求加大，精神文化的消费日益成为日常生活的重要组成部分。这要求政府通过政策和市场机制最大限度的调动各种社会力量，充分利用文化资源，来促进文化事业、文化产业的繁荣发展和公民文化权利的实现。

文化权利与其他权利有共通之处，是一种道德权利、普遍权利和反抗权利，是人类历史发展的产物，它的出现是人类文明进步的体现。公民的文化权利主要包括四个方面：享受文化成果的权利、参与文化活动的权利、开展文化创造的权利以及对个人进行文化艺术创造所产生的精神上和物质上的利益享受保护权。[1] 随着公益文化事业的飞速发展，以及文化产业的成长对文化生产所做出的大规模的推动，文化产品和文化成果的总量已经极大的丰富了，社会文化供给的能力也大大增强。如何给公民创造更多的文化享受的条件，这将是文化权利实现的最为基本的内涵。这其中包括对影剧院、图书馆、博物馆等基本的文化场馆的建设与安排，对文学、戏剧、电影、音乐、舞蹈等多种多样文化产品的生产与供应等等。如果仅仅是享受文化成果，那还停留在基本的甚至是被动的层面上。与此同时，还要通过开展各种各样、不同层次的社会文化活动，使广大人民群众能够得到充分的文化参与的权利。自娱自乐的文化广场的普遍形成、业余民间文艺社团的大量产生，就表明现代社会文化参与的广泛的群众基础。要实现公民的文化权利，就必须要最大限度地提供老少咸宜、各得其所的参与文化活动的条件与氛围。最能体现公民文化主体意识的是文化创造的开展，这也

[1] 艺衡、任珺、杨立青:《文化权利回溯与解读》，社会科学文献出版社 2005 年版。

是社会主义的本质特征之一。只有当全社会的资源都被充分调动起来，并投入到文化创造活动中去，才能切实形成一个大规模的文化建设的高潮，才能使群众的文化创造热情和潜能得到极大的发挥。没有这种自由的文化创造的空间和机制，文化权利的实现还将停留在较低层次上，还不能真正造就具有文化创造力和想像力的现代公民群体。对个人进行文化艺术创造所产生的精神上和物质上的利益享有受保护权。这与文化创造权利是紧密联系在一起的，如果没有形成对知识产权的保护机制，没有有效的保护文化创造成果，必然会打击人们开展文化创造的积极性。同时也不利于知识经济的健康发展。

如何实现公民的文化权利，这是包括政府、民间在内的全社会共同的文化责任。政府是实现公民文化权利的主要推动力量，如何按照公民文化权利的实现这一目标要求，来调整改革政府自身的文化行政方式，将决定着整个社会的文化权利实现程度。政府应当通过行政立法保护公民的文化权利，并建立相应的衡量指标监督公民文化权利的实现状况，为公民文化权利的实现提供一个良好的条件和氛围。此外，社会文化新环境的营造、民间文化资源的调用、现代人文精神的培育、文化载体的创造等也是实现公民文化权利所不可缺少的重要方面。中国文化建设进入文化本体发展的阶段，确立以内容建设为主体的内涵发展模式。内涵发展模式以追求产品的质量为主，以完善文化激励机制、制度创新为主，以文化吸引力、感召力、影响力的考核评价为主。[1]

从文化安全的外部战略而言，文化主权是在 20 世纪 90 年代以后越来越成为国际社会关注的焦点。文化主权是针对文化扩张提出的，其目的是为了避免民族文化被全面侵蚀的危险，并维护本民族的文化完整和国家的根本利益。文化领域的扩张与反扩张、渗透与反渗透是国际政治斗争和意识形态较量的一项重要内容，一些西方国家把文化当成颠覆和控制别国、

[1] 傅才武、陈樱：《2009—2010：国家文化创新中的局部突破和非均衡发展》，于平，傅才武主编：《文化创新蓝皮书 2011 年》，社会科学文献出版社 2011 年版，第 17 页。

实现自身战略意图的重要工具，文化安全已成为国家安全的重要组成部分。对我国来说，只有不断提高国家文化软实力，才能建立有效的文化安全机制，保证我国文化主权不受侵犯，进而在各种思想文化的相互激荡中赢得主动。然而，文化主权不是封闭的体系，而是开放的体系，维护文化主权不能采取文化封闭主义的态度，在捍卫民族文化的同时，要有广阔的胸襟接纳外来文化，并使之与本民族文化相融合。在国际层次而言的文化安全主要是基于文化交流与互动的。如中国海外文化中心的加速推进，显著提升了中国文化的影响力。2010 年，在中央财政的支持下，曼谷和新加坡文化中心奠基仪式。马德里和莫斯科文化中心落实选址，进入设计改造阶段。日本东京和蒙古乌兰巴托文化中心先后揭牌。巴黎中国文化中心继新楼投入使用之后，启动老楼改造工程。全面加速建设的海外文化中心成为我国对外文化工作的新平台，既是我国整体外交阵地的拓展，更是代表中国国家形象的标志性建筑。

第三章　新形势下文化安全的挑战和危机

文化安全是在全球化背景下突显出来的一个现实问题，一个时代命题。冷战结束后，全球化、信息化和文化霸权主义是文化安全广阔的时代背景和场域。冷战结束引发了全球力量格局的结构性变化，也打破了原有的国际文化关系和世界文化力量格局。冷战时期的意识形态对抗变得不明显了，新的国际文化关系格局和文化秩序重新建构，文化产品及其市场成为文化秩序建构的关键性变量。经济全球化已经成为一种客观的、不易逆转的世界趋势，信息技术的发展也导致文化因技术变革而发生飞速变化。全球化和信息化使美国推行文化霸权主义战略如虎添翼。“文化成为一个舞台，各种政治的、意识形态的力量都在这个舞台上较量。文化不但不是一个文雅平静的领地，它甚至可以成为一个战场，各种力量在上面亮相、互相角逐。”在文化竞争的舞台上，中国文化需要重新审视和判断文化和意识形态的作用和挑战，进而进行文化战略部署。

第一节　全球化与文化安全

全球化和信息化的深入发展拉近了世界各地之间的距离，世界文化在前所未有的广度、深度和频度上相互交融、碰撞，每一个国家难以隔绝与外部的信息交流，文化安全问题随之得以重视。一方面，全球化导致了文化的商品化、大众化，冲击了文化的封闭性，不同文化的接触和交流是不可避免的，经济贸易和各种传播媒体正在把地球连接成一个密不可分的整体；另一方面，全球化加深了民族文化认同的危机感，同时也使包括发达国家在内的所有的国家都产生了担心本国文化将被外来文化侵袭或吞噬的不安全感，各国形成一种返本寻根，固守本国文化的思潮。

在经济全球化的进程中，各国、各民族之间的交往也更加频繁和密切。西方发达国家特别是居于超级霸权地位的美国，日益利用文化的市场化来推行自己的意识形态战略，强化在全球的文化霸权。全球化造就的世界市场不仅是激烈的经济竞争的场所，还是多种价值观较量之地。在此背景下，文化的国际交流为各民族吸收世界先进文化、发展自己的文化提供了机遇，同时也使各民族面临文化方面的挑战。发展中国家要在激烈的国际交往和竞争中保持传统文化，探索具有本民族特色的文化建设道路，就需要密切关注全球化的演变趋势及其对文化安全的影响。

一、全球化与文化

20 世纪 90 年代末以来，全球化是一个在社会科学各学科中广泛流行的术语。从时间上而言，近代是全球化发生的起点已经取得理论界的一个基本共识。从不同的学科背景和角度出发，人们对于全球化的解释是不同的。西方最早关注和阐释全球化的学者之一安东尼·吉登斯指出：所谓全球化，是“世界范围内的社会关系的强化，这种关系以这样一种方式将彼此相距遥远的地域连接起来，即此地所发生的事件可能是由许多英里以外的异地事件而引起的，反之亦然”。[1]在吉登斯看来，这种巨大的变化，并非仅仅局限在经济生活中，所以他强调全球化“在建立国际上新秩序和力量对比的同时，也在改变着人们的日常生活”。[2]以马歇尔·麦克卢汉在其1960年出版的《传播探索》一书中提出的地球村理论为代表，全球化被认为是地球上人类可以利用先进的通信技术，克服自然地理因素的限制而进行信息的自由传递；从经济领域来分析，全球化被认为是世界范围内的相互依赖，世界市场和资源的自由配置把国家在理论上推到了全球化障碍的一面；以罗马俱乐部为代表认为全球化是人类在环境恶化、核威胁等共同问题下所达成的共识；沃勒斯坦的世界体系理论为代表认为全球化是资本主义的全球化或资本主义的全球扩张；以英国学者吉登斯为代表认为全球化是现代性的各项制度从社会向世界的扩展；以罗伯逊·费舍斯通为代表把全球化看作是人类各种文化、文明发展要达到的目标，是未来文明存在的形态。[3]

全球化表现出了丰富性和复杂性，我们把其视为一个过程和一种改变世界的力量，在这个过程和动力下，文化是重要的角色。全球化是分中有合、合中有分、利弊兼有的过程,也是一个国际化和民族化相互交错的过程。全球化过程始于经济现象，首先是一场经济学意义上的资本主义的扩张运动。各种意义上的全球化，如文化、政治、科技全球化，乃至经济全球化本身都是资本主义扩张的直接或间接的后果。“资本主义在空间进行的拓展已经遍及世界的各个角落，而全球化既是这一空间拓展的表现，也是并且首先是一个改变、调整以至最后消除各国之间各种自然的和人为的疆界的过程。”[4]但全球化又不是一个孤立的经济现象，全球化是一个政治、经济和文化一体化的发展趋势和过程，具有社会整体相关性。“全球化不是

[1] ［英］安东尼·吉登斯著，田禾译:《现代性的后果》，译林出版社2000年版，第56—57页。
[2] ［英］安东尼·吉登斯著，郑戈译:《第三条道路：社会民主主义的复兴》，北京大学出版社、三联书店2000年版，第36页。
[3] 杨雪冬:《全球化：西方理论前沿》，社会科学文献出版社2002年版，第9—12页。
[4] ［法］乌·贝克、哈马斯等:《全球化与政治》，中央编译出版社2000年版。

一个单一的过程，而是各种过程的复合，这些过程经常相互矛盾，产生冲突，不和谐及新的分层形式。本土民族主义的复活和本土认同的增强直接与作为对立面的各种全球化力量不可分割地交织在一起。”[1]全球化是一个过程，问题的关键是全球化是一个参与的过程，也是一个垄断的过程；是一个大多数国家被动接受的过程，也是一个需要积极应对的过程；这些矛盾是造成全球化时代文化安全问题突显的原因所在。

全球化是一种改变世界的力量,这种力量首先改变了世界的经济结构，在某种程度上更深刻地改变了世界的政治和文化结构。这种变革的力量对现存的一切秩序的合法性提出全面挑战。因此，全球化是世界文明进步的动力，也对社会文明进步构成前所未有的威胁，每个国家感受这种威胁的程度是不同的，因为全球化不是一个自然发展的过程，科技进步和生产力的提高加速了国际之间的交往，但国际政治力量的对比关系和力量的消长是全球化过程和趋势的主要影响因素。国际政治力量的差异构成了全球化背景下不同国家安全性的差异。沃勒斯坦在世界体系理论中区分了核心国家（世界经济最发达国家）、半边缘国家（发展中国家）和边缘国家（最不发达国家），在这样一个运动空间内，全球化作用于不同国家之间的半径是不一样的，带给不同国家的利害关系也不同，这种国家利益损益程度的大小与一个国家在全球化中的国家安全程度存在着正相关关系。全球化是由发达的资本主义国家发起和主导的，边缘和半边缘国家则被动地被吸入全球化的过程之中，其不安全系数远远超过收益。

全球化发展趋势给民族国家的政治、经济和文化领域都带来了深刻的变化和挑战。全球化是一种复杂的联结，首先体现于经济领域，意味着国家和地区之间的商品、服务、资金、劳动和信息等方面的人为障碍被排除，代之以巨大而统一的市场和世界经济体系。继经济领域之后，全球化对文化领域的影响被人们越来越明显地感觉到，文化是全球化产生复杂联结关系的内在方面，虽然没有经济领域表现得突出和迅速，却是重大而深远的。

[1] 孙晶:《文化霸权理论研究》，社会科学文献出版社 2004 年版，第 246 页。

“全球化处于现代文化的中心地位；文化实践处于全球化的中心地位”，“我们这个时代所经历的、由全球化所描绘的巨大的转型式进程，除非从文化的概念性词汇去着手，否则就很难得到恰如其分的理解。”[1]

全球性资源的再分配刺激了文化商品的全球流动和文化形态的对撞。传统意义上的文化传承在全球化的语境下越来越失去固定的空间，民族的生活习惯不再是相互隔绝和自行发展，而是相互了解、学习和互动，国家和民族文化边界正在被消解，出现文化认同的恐慌，国家文化主权受到严重挑战和威胁。文化与社会意识形态源于社会存在，并随着社会存在的发展而发展。经济全球化带来的资本、技术、人才、知识和信息等生产要素跨国界的流动与配置必然会在不同程度上带来各国民族文化和价值观的改变，也不可避免的发生文化冲突与融合。文化成为国家综合国力的重要因素，所以经济全球化对国际文化交流的影响不仅仅是一个文化问题，更是涉及到国家文化安全的战略问题。

经济全球化首先是市场全球化，它对文化的直接影响是市场利益导向和市场法则在文化领域的普遍运用。文化市场成为整个经济市场的一个重要组成部分，文化产品成为一种商品，文化产品的创造和生产可以通过市场来配置资源，以市场需求来定位，文化的传播主要靠市场来完成。商品生产和全球范围的流动使附加于商品之上的文化成为世界性的，大多体现于消费文化层面。如“麦当劳”文化是随着麦当劳在世界各地的连锁店而传播的，并成为美国文化的鲜明符号意义。美国文化的“全球化”被形象地概括为“三片”，即代表美国饮食文化的“薯片”，代表美国电影文化的好莱坞“大片”，代表美国信息文明的硅谷“芯片”。西方国家文化处于强势地位，对世界的影响力越来越大。

人员的流动使各民族文化随着文化主体的流动而互动。在经济全球化态势下，科技人才和劳动力的国际流动变得更频繁和广泛。发展中国家和发达国家人员流动是相互的。有一些发达国家专门派人员从事文化传播工

[1]［英］约翰·汤姆森著，郭英剑译:《全球化与文化》，南京大学出版社 2002 年版，第 6 页。

作，如美国开展的“和平队”项目等对外文化援助项目，把本国教师、传教士、医生派遣到海外从事文化志愿工作。这些流动的人员本身就是各民族文化的载体，他们在所驻国生活和交往过程中，两种文化会产生相互影响。由经济全球化带来的人员国际流动成为影响全球文化发展的一个重要途径。

全球化已经成为一种文化形态，一种语境。如何在这样一个不可逆转的过程中，在文化产业中把由技术变革带来的比较优势充分发挥出来，以快制慢，已经不是商业原则，而且也是文化原则，文化产业原则。问题是我们怎样才能应对由技术变革驱动的全球化所提供的巨大机遇。文化无论从精神层面还是从产业形态的层面，都将最集中的反映出一个国家对这一机遇的把握、反应和控制能力及其所要达到的深度和广度。倘若不能在一个较高的层面上，即与现代高新技术发展同步的层面上推进文化及其产业的发展，要想在真正意义上发展自己的现代文化是很困难的。

二、文化全球化的争论

“文化全球化”发展趋势取决于文化与经济、政治的密切关联。全球化不仅是经济领域的全球化，而且渗透到科技、政治、文化等各个领域，因此，有经济全球化，有的学者认为必然有文化全球化，即世界各国、各民族各种不同的文化，以多样的方式在全球范围内流动、碰撞和融合。从现象上看，文化全球化既是各民族文化在世界舞台上竞相展现的过程，又是一国文化不断向其他国家传播和推广的过程。于是，面对这一进程，各种理论粉墨登场，纷纷发表自己的观点。《全球大变革》一书指出，关于全球化的性质和影响的争论主要有极端主义者、怀疑论者和变革论者三种。[1] 对于文化全球化问题的争论，也有相应的三种观点：美国大众文化或西方消费主义支持下的世界是同质性的世界；相对于民族文化，全球文

[1] ［英］戴维·赫尔德著，杨雪冬等译：《全球大变革》，社会科学文献出版社 2002 年版，第 2—15 页。

化具有空洞性和暂时性，由于世界主要文明的地理政治隔阂，文化差异和文化冲突具有持续的重要性；文化与人口的相互融合与交流将产生混合文化和新的全球文化网络。

美国杜克大学教授、当代美国最有影响的马克思主义评论家和理论家弗雷德里克·詹姆逊认为，文化全球化或全球化过程中的文化具有多样性与同一性双重特性。从通讯技术负载的文化内涵看，全球化中的文化就会出现多样性、多元性的特点。而从通讯技术负载的经济意义来看，全球化中的文化又会出现同一性的特点。因为，世界市场将不同民族的文化纳入同一的市场之中，为世界文化的生产制定了同一的生产模式与标准。[1]

所谓的文化全球化主要指的是世界文化的融合和同质化，是各民族文化相互交流和认同的趋势。文化全球化的观点之一是世界共同的或单一的文化的形成，这是随着信息的发展对未来文化发展的影响而出现的一种文化价值观，美国微软公司总裁比尔·盖茨曾讲道“信息高速公路将打破国界，并有可能推动一种世界文化的发展，或至少推动一种文化活动、文化价值观的共享”，“当人们更多地注意全球问题或全球文化，而减少对传统的、地区性的问题或文化的关心时，也许有此文化就会感到面临着威胁。”[2]这种观点是科技高速发展的时代所引发的文化价值观问题，由于信息在全球的传播，世界将出现单一的文化即西方文化一统天下，西方的文化价值观将会主导全世界。

世界民族文化的同质化过程是文化全球化争论的另一个观点，认为经济价值观的趋同是文化同质化的主要表现。人们对市场经济的推崇，对等价交换价值观念的普遍认可都是这种反映。文化同质化也表现在政治上，不同民族国家对民主、自由、人权、平等价值观念的承认，人们在处理同样的问题上遵循着同样的方法。如共同打击劫机犯罪分子，打击恐怖主义势力等，各民族的差异越来越不明显。文化同质化的最典型表现是社会生

[1] 王逢振主编:《詹姆逊文集：现代性、后现代性和全球化》，中国人民大学出版社 2004 年版，第 389 页。
[2]［美］比尔·盖茨:《未来之路》，北京大学出版社 1996 年版，第 326—327 页。

活的标准化。大机器工业所造成的产品的标准化，使民族特色、地方特色以及全人的爱好愈来愈不明显。比如，在世界范围内服装款式趋同，牛仔裤和西服在世界大部分地区广泛流行；好莱坞大片成为大部分国家青少年最为欢迎和欣赏的作品。至于音乐、文学、绘画等方而也都出现了一致的趋向和明显的共性，全球到处可见的相似的广场、高级公寓、星级饭店、金融街大超市、加油站、地铁等；英语作为一种全球语言的趋势已愈益明显，全球正在学习英语的人口大约为 10 亿，另有 15 ~ 20 亿人口每天使用或接触英语。更为重要的是，文化生产、销售、消费等逐渐接受共同的规则和方式，即遵循资本运行的逻辑。

文化的单一化和同质化是西方化吗？文化全球化对国家文化安全意味着什么？如果把文化全球化作为一种目标，是一种未来世界文化的理想状态，他就表明文化全球化不是简单的同质化，而是异质或多样性共存。如果认为文化全球化是西方为主导的文化不平衡发展，文化扩张和文化权力争斗将成为主权国家竞争的新领域。文化本身被用作国际战略领域的手段，成为扩大国际影响和支配国内政治的工具。各国关注文化全球化的过程中，开始思考保护本国文化的问题。

国内学者对文化全球化的认识并不等于“文化一体化”，特别是不等同于美国化，反对把“文化全球化”完全看成是单一力量——美国全面主导与主宰。文化全球化的基本内容是文化市场法则的普遍性。在文化全球化进程中，不仅具有导向全球文化一元化的力量，还存在着非市场因素、非文化资本因素、非美国或西方力量，它们制约着全球文化的一元性，并使全球文化表现出多维度、多元性的特征。可以说，文化多元化是当代文化全球化中的重要标志和主要形态。[1] 国内学者希望通过“文化全球化”继承和发扬中华民族的优良文化传统，振兴我们的社会主义文化。

正如全球化的概念充满争论一样，对文化全球化同样存在质疑。全球

[1] 鲍宗豪:《文化全球化的价值意蕴——兼论文化全球化与民族文化的冲突与整合》,《马克思主义与现实》2002 年第 4 期，第 36 页。

化含有若干同质化过程，绝非是同质化的同义词。全球化的影响肯定要涉及文化领域，但文化有自身的运作特性和规律，经济全球化不能推出文化全球化或趋同化，无论是作为一种目标的理想，还是作为一个过程，都是谎言和陷阱。全球化的文化进程不仅发生于国家之间的层面，而且在跨国、跨社会的层面运作。“全球互动的中心问题是文化同质化与异质化的紧张关系。”[1]所以，“全球性地思考，地方性地行动”成为大家接受的思维方式，这也正是全球化与本土化的冲突。文化作为人类的生活方式，是一种创造性的活动，是在地理、生物、心理、社会和历史的土壤上形成的，各民族和国家都具有自己的文化特性，民族性是文化的基本特征之一，不可能出现文化同质化。建立以美国文化为主导的“文化全球化”，其实质就是推行文化霸权。

中国学者也指出，文化全球化是从浪漫主义的“全球化”观念中引申出来的，事实上，经济的全球化加剧了全球各种势力之间、特别是发展中国家和发达国家之间的价值冲突。经济全球化进程中发展中国家和西方发达国家的价值关系，是更加不平等的价值关系。文化全球化认识的主要误区是将作为文化交流的手段、工具的先进科技的全球化，混同于文化价值本身的全球化，同时对文化市场化、商业化乃至“全球文化市场”的实质缺乏清醒的意识。[2]

文化全球化不会带来文化同质化，更不等于文化一元化。恰恰相反，由于经济全球化条件下，人类社会的空间障碍逐步消失，既不会产生单一模式的文化，也不会形成以美国文化为中心的世界文化的标准化；恰恰相反，经济全球化使世界不同国家和民族的文化联系空前增强，各文化之间的相互交流和融合的机会不断加大，使文化发展的多样化有了更牢固的基础，也正是因为不同文化之间的碰撞、交流和交融，才使文化焕发出新的

[1] 阿帕杜莱：《全球文化经济中的断裂与差异》，载汪晖、陈燕谷主编：《文化与公共性》，三联书店1998年版，第540页。

[2] 刘奔：《经济全球化时代的文化问题——论“文化全球化”的观点和价值趋向》，《哲学研究》2007年第5期，第3—8页。

生命力。对文化多样性的强调，对自身文化特色的张扬，对民族文化独立性的维护将构成当今世界重要的文化安全内容。全球化意味着多元文化并存、交流、对话和沟通机会的增加，意味着文化的相互融合和多元发展，而非文化的单一化和同质化。

三、全球化时代的文化安全与中国的挑战

在全球化浪潮下，国际间的政治、经济、外交、科技、传媒都成为强势文化扩展的手段。这种“超国家领域”的控制权，其目的不在于攻占他国的领土或控制其经济生活，而在于制服和控制人的头脑，作为改变两国权力关系的工具。全球化时代的文化安全并不完全由全球化本身引起的，更多的是由全球化的主导者和全球化进程中游戏规则的制订者引起的，即全球化进程中的不平等性所引起的。经济上的霸权主义往往滋生出强权政治和强势文化。强势文化所主导的规则，反映他们对世界形势的判断和主导性意见，处于弱势文化的发展中国家由于不能参与和主导游戏规则的制定，他们在全球化过程中的利益分配中无法获得平等的地位，这种不平等的结果必然导致弱势文化国家的文化主权受到损害，文化面临威胁，文化安全问题突出。

发达国家和发展中国家之间在经济实力和文化实力上的差距依然很大，以西方国家为主导的经济全球化过程中，西方发达国家借助其经济优势,强制推行其文化和价值观。全球权力结构中仍存在霸权国,美国在经济、军事、外交、意识形态和文化诸方面仍处于主导地位，并且具有在全球几乎任何一个地方促进其利益的手段和能力。全球化背景下文化安全的任务更加艰巨。在全球化进程中，发展中国家处于一种被动适应的位置，文化战略很大程度上属于“防御”型的，以吸取外来文化的精华和抵制外来文化的糟粕为主，服务于经济增长。西方国家是全球化的始作俑者，也是最大的利益获得者，他们的文化战略总是处于一种“进攻”状态，凭借其文

化来影响国际关系的发展，为政治和经济利益的实现营造一个有利的外部环境。

全球化引起了人们对文化的担忧，其中原因之一是各国文化的一体化或趋同化，这被认为是一种有失身份或“认同”的巨大威胁。然而，我们也不应夸大全球化对文化的威胁。在看待全球化与文化的关系时，要区分趋同化和同化两个概念。意大利学者恩贝托·埃柯提出：两种不同文化相遇，由于相互之间的差异，会产生文化之间的冲撞，有征服、掠夺和交流这三种可能性。“文化征服”是指 A 文化视 B 文化为“野蛮人”或低等的人类，所以就可能以“教化”或“毁灭”两种方式去改造和征服它，这正是欧洲文化对待美洲、非洲文化的方式。“文化掠夺”是指 A 文化成员认为 B 文化成员是某种未知智慧的传人。A 文化有可能在政治、军事上征服 B 文化，但他们又十分尊重这一异文化，力图理解它，并将其基本要素纳入自身肌体中。如古希腊文明的形成得益于将古埃及纳入其希腊王国文化圈中，希腊人十分赞赏埃及人的智慧，并竭力“窃取”埃及人在数学、炼金术、宗教方面的诸多秘密。“文化交流”则是一种相互影响和尊重的双向流程，马可波罗时代开始的中国和欧洲的最初接触就属于文化交流。中国人从耶稣会传教士那里接受了欧洲科学的很多方面，同时，传教士们又将中国文明的成果带回欧洲。[1] 全球化时代的文化交融是双向的，本民族文化在汲取外来文化的过程中不受到削弱，而会更加生机勃勃。

经济全球化应是加强交流和对话，实现文化和价值观的相互尊重。然而，文化的传播是由资本和技术来支持的，经济全球化带来的文化与经济日益一体化的背景下，科技和经济实力的强弱决定着一个国家的文化影响力，决定了它在世界文化格局中的地位。西方文化特别是美国文化，连同它的经济、科技优势在全球文化态势中形成了霸主地位，导致西方文化和非西方文化不平等的交流与互动，经济全球化背景下的文化交流呈现单向的、不平等的文化输出。

[1]［意］恩贝托·埃柯：《东西方文化的差异与共存：跨文化对话》，上海人民出版社 1999 年版。

高估和低估美国文化霸权对其他国家文化安全的危害都是不可取的。“人类长期分离的历史、使得各国文化表现出极大的地域性、民族化特征。因此，出于民族利益和民族感情的考虑，强化地域性、民族性成为众多民族国家的文化战略选择。所谓文化的地域化、民族化实际就是保持、强化自己民族文化的特色和主权，抵制来自外来的全球一统力量。[1] 文化霸权越强大，文化自觉和文化主体意识就越强烈。比如东亚的中华文化圈和中东的伊斯兰文化圈，甚至是西方文化本身内部的子单元，如法国，都在文化上采取了越来越多的措施，以在文化全球整合的过程中保护民族文化特质。这其中不仅包括对本民族文化最基本平台——语言的维护，也表现为对外来文化产品的管理和对本民族优秀文化产品的鼓励开发。文化自觉和保护本土文化的措施，与这些国家在政治上自主独立倾向一起，相辅相成，构成了对文化及整个国际格局向单极化发展的巨大牵制。全球文化整合在这些力量的综合作用下，倾向于基于“和而不同”的基础。

在全球化的文化交流中，应坚持文化相对主义和多元文化论，文化相对主义，承认文化的相对性，主张任何文化都有其存在的合理性，每个人类社会、每个民族都具有它自己独特的理想、标准、生活、思想和行为方式，不应横加干涉。然而，如果过分强调文化的相对性，就会导致文化隔绝、封闭和停滞，所以我们也要坚持文化多元论。多元文化论与文化相对主义不同，承认各种文化的不同是人类文化发展的基础，但并不认为这些不同在本质上是不能相通。正因为有相通之处，才有可能通过对话而相互理解和沟通，从而达到不同文化之间相互吸收，有可能以他种文化为镜，更好的认识自己。[2]

经济全球化过程中所蕴含的以往时代所无法比拟的巨大的文化活力，是中国文化发展的资源和机遇，在挑战和机遇面前，需要客观认识全球化对文化安全的影响，以自身为主，重在建设，积极务实，推动中国文化的

[1] 张骥、刘中民:《文化与当代国际政治》，人民出版社 2003 年版，第 319 页。

[2] 乐黛云:《文化对话与世界文学中的中国形象》，刘海平编:《中美文化的互动与关联》，上海外语教育出版社 1997 年版，第 42—50 页。

发展，把外来文化的压力变为发展本国文化建设和文化产业的动力，与强势文化交流，参与文化竞争。

由于全球化过程是在西方发达资本主义国家集团主导下进行的，经济全球化带来的文化产业全球化，大量的文化资本、文化产品和文化产业的进入，压缩了中国文化事业和文化产业的发展空间，文化产品的涌入对中国文化产业的发展形成了巨大压力。美国政府调整了其全球文化战略的布局和政策趋向。在乌拉圭回合谈判中，美国坚持要把文化产品列入服务贸易自由化范畴；在对华经贸合作和入世谈判中，美国不断实施知识产权战略，强行要求它的视听产品进入中国市场，抬高中国入世的门槛。面对以美国为代表的西方强势文化利用其资本、技术和市场优势对弱势文化的渗透、控制和强行“市场准入”，经济全球化带来的文化产业全球化以及中国入世的承诺与文化市场的开放，尚不成熟的中国文化市场和刚刚起步的文化产业一下子暴露在世界文化市场和强势文化产业面前。电影、电视、音像、娱乐、软件等多种形式的文化制品吸引了各个层次的消费者，一个有着五千年文明史的文化大国，却成了文化的“入超”国。因而，发挥文化产业的比较优势，提升文化产业的国际竞争力不仅仅是商业原则，也是文化战略的需求，国家文化安全的需求。在经济全球化、信息化和美国文化霸权主义的背景下，要在根本上达到维护中国国家文化安全的目的，迎接经济全球化和加入世界贸易组织给中国文化带来的挑战，需要进行文化政策的战略性调整，继续推进文化事业全面发展的同时，推进和实施国家文化产业战略，大力发展文化产业，积极参与世界文化市场竞争，用文化发展的现代化方式推动文化的现代发展。[1]

必须承认，在强势文化的进攻面前，中国不仅在文化产业、文化产品上遭遇生存和发展的困境，我们的政治哲学、价值观念乃至生活方式也很难保持自己的独立性。西方国家的文化霸权，绝不仅仅以占领我国的文化市场为终极目的，而是要全面输出其政治经济发展的模式和价值观，对我

[1] 胡惠林:《文化产业学》，高等教育出版社 2006 年版，第 7 页。

国人民，尤其是对精英群体，进行彻底的精神征服和信仰改造。这种方式是消解我们软实力和阻断我国优秀文化力量，也对中国的文化安全构成了直接的挑战。

第二节　信息化时代的文化安全

被称作“第四媒体”的互联网，正在使社会政治、经济、文化等各个领域发生着广泛而深刻的变化。互联网不仅成为人们主要的通信工具和信息获取方式，而且正在演化成为一种现代人的生活方式，正在对包括国家文化安全在内的诸多领域产生着重要影响。互联网成为国家文化传播主要渠道的同时，也成为影响文化安全的主要因素之一，不安全因素表现在信息的自由传播中，传播范围广且不易控制。信息时代的国家文化安全就是要维护信息传播中的国家文化价值体系，使其免遭来自内部或外部的破坏或颠覆。

一、网络和文化安全

网络的大众化趋势不可逆转，其影响深远而广泛。20世纪末以来，网络信息技术迅猛发展的进程势不可当，当今社会已经步入网络信息时代。网络已经成为人们工作、生活不可或缺的重要部分，成为人们获取信息和感知世界的重要窗口。网络和文化安全的关联体现在两个层次：一是作为传播媒介的网络对文化安全的影响；二是网络文化本身所蕴涵的不安全因素。

网络媒体是一种全新的革命性的传播方式，传统媒体的四大功能：环境监视（新闻和宣传）、社会协调（联系和沟通）、知识传承（科学和教育）和文化娱乐（消遣和游戏）在网络环境中都得到了充分的拓展。借助于网络，社会不同主体可以充分与周围世界进行沟通、联络，获取信息。网络传播具有信息量大、更新速度快、查询检索方便等优势，传统的单向传播在网络中变为了立体式发布、双向互动传播，信息传播不再完全是某些新闻出版机构的权力，普通民众也有自己的话语权。互联网用户既是信息的接受者，又是信息的发布者和传播者。网络媒体更具有实时、互动、跨境、跨文化传播的特点。传统媒体的管制规则已经不再适应网络媒体的发展，信息开放成为时代与社会发展的必然趋势。政府有疆界，网络无国界，网络舆情往往“先入为主”、“先声夺人”，使政府的社会舆论导向难度加大。然而，对网络传播的信息宜疏不宜堵，要尊重网络民意，尊重群众的知情权，利用主流互联网媒体公布社会重要事务的信息，推动电子政务的发展，发挥网络媒体的社会监督职能。同时，也要加强网络传播法制化建设，控制不良信息传播，维护社会稳定。

从网络到网络文化的认识反映了人们对网络认识的深化和判断水平的提升。十七大报告中对此有准确的表述：“加强网络文化建设和管理，营造良好的网络环境”。网络文化是当代信息技术迅速发展的产物，是以网络为媒介，以文化为内核，在开放的虚拟空间中融合多元文化艺术的创造与交流。网络文化不是传统文化的简单延续，而是突破了传统文化的时空界限，改变了人们的生存空间与生活方式，因为网络化创造的虚拟空间，使人们可以在信息化、数字化的虚拟“实在”中体验人生、创造自我和沟通未来。网络文化是一种全新的文化形态，它的影响力和效应力越来越强，在很多时候和情况下，它是社会舆论的风向标和领头人。[1] 网络文化具有信息传播、互动交流、民意表达、娱乐消遣、学习、知识传承以及宣传教育等功能。网络文化通过自身的影响力和辐射力影响着整个社会文化，进而影响到其他人的文化选择和价值取向。与传统文化比照，网络文化的创作目标不明确，具有更大的随机性；听众从受动者变为主动参与；文化内容是和文化活动融为一体、是主客体密切结合的“数字化生存”空间；网络文化具有交互性、可视性、可听性、可感性、趣味性、知识性、审美性

[1] 尹韵公：从“互联网站”到“网络文化”，尹韵公主编：《中国新媒体发展报告（2010）》，社会科学文献出版社 2010 年版，第 19 页。

等多种特征，是传统艺术的超越，是影视艺术的突破，在交往与对话中，个体自由和主体意识大为增强。网络文化是有内容、有思想、有价值观念的文化，中国要在网络文化中弘扬社会正气，推动积极向上的价值观念，巩固马克思主义在意识形态领域的主导地位。

二、网络渗透对文化安全的威胁

互联网不仅是一种信息传播渠道，而是一种文化传播途径。随着网络的发展与普及，与政治、经济、军事、文化、社会等有关的信息正在被越来越多地嵌入信息网络中，使人类对互联网的依赖日趋增强。从空间距离上来说，网络使不同国家、民族之间的交流空前频繁和复杂；一些西方国家凭借包括网络优势在内的整体优势，对发展中国家实行非对称性的文化影响。

互联网的普及强化了美国等西方国家在国际格局中的“文化强势”地位。以美国为首的西方发达国家依靠经济和科技强势使信息传播单向流入处于弱势的发展中国家，通过“信息殖民”控制发展中国家的政治、经济和文化命脉，从而使西方文化在国际文化格局中具有优势地位。目前，英语文化，尤其是美国文化，已借助网络传播技术在全球范围内形成了新的文化霸权，他们利用自身的信息优势来增强军事实力，并通过发挥意识形态、文化和经济模式及政治制度等“软实力”的作用，来冲击或影响他国特别是发展中国家的文化安全，促使这些发展中国家的既有思想文化、价值观念和生活方式等向着西方所期望的发展方向转变。

网络的发展在促进不同国家和地区之间以及不同文明之间的文化传播与交流方面所起的积极作用是毋庸置疑的，也为文化产业的发展提供广阔的空间。网络传播是促进文化发展的新方式。网络为人们提供了新型的社会交往方式，人们可以不受地理限制或阶层等级的社会限制，在网络世界中平等的交往，各种文化在网络上交汇、碰撞、竞争，衍生出新的价值观念——网络文化。传统道德观念通过网络技术得到了再现，形成了许多为网络主体所确认的价值取向，如自主精神、权利意识和平等意识。

网络文化是一柄双刃剑，一方面，各民族文化在冲突和融合中，统一性和共通性不断增强；另一方面，对于以信息接受为主的非英语国家和发展中国家来说，与全球网络的互联有可能造成对本国文化的冲击和忽视。在文化领域，从内容到形式，从生产方式到传播方式，现代信息技术得到广泛应用。如果非英语国家不积极主动地保护、宣传和创新本国的文化艺术，那么要在网络环境下的国际文化竞争中处于平等地位是不现实的。因为超越国界的平等的网络信息流仅仅体现在理论上，现实是客观上有英语文化在网络上的霸权，网民所获得的信息大多是从国外传输进来的；主观上有西方“文化霸权主义”利用网络的推行，传输到其他国家的信息含有西方的价值观念和破坏本国传统文化的因子。利用信息技术宣传自己的思想文化，宣扬自己的价值标准，已成为西方主要资本主义国家进行文化渗透与控制、实现自己霸权的主要手段。在国际关系中，让对方接受你的价值观念和文化理念，也就是让对方接受你的评判标准，是一种软实力。而一个国家的主流文化一旦为外来文化所占领，这个国家的思想文化就丧失了独立性，也就直接影响国家民族的真正独立。

网络渗透对文化安全的威胁主要体现于对思想道德文化和意识形态产生的冲击。网络信息内容纷繁复杂,其健康性难以用法律的形式加以监管。各种不良信息侵蚀民众的思想，尤其对未成年人来说，泛滥成灾的暴力、色情和赌博网站，使青少年是非观念模糊，道德意识下降，社会责任感弱化，身心健康受到侵害。《中国新媒体发展报告（2010）》的蓝皮书引用数据称，中国网络游戏市场规模到 2012 年预计可至 686.2 亿元，全球市场占有率为 46.9%。18 岁以下青少年是目前网游用户最大主体，蓝皮书称，中国现有 4000 万网络游戏玩家，其中 25 岁以下的青少年占 8 成。青少年沉溺于网游不单对自己有害，还可能诱发青少年犯罪等一系列社会问题。部分网游成瘾者甚至因网游犯下重大犯罪案。2011 年春节假期，一名 20

多岁男子因母亲劝他不要玩游戏，一怒之下杀死了母亲。2010年有一对夫妇沉迷于网游，将出生只有三个月的亲生女儿活活饿死。不当利用网络常常会使个体处于矛盾和相互冲突的价值选择中，不利于个体健康人格的形成。然而，更深层次的负面作用体现在文化的深层次结构——意识形态领域，网民对不良网络信息难以产生免疫力和识别力，西方意识形态被青年人所推崇，对国家的文化安全构成挑战。

意识形态控制的目标是强化公众对政治合法性和价值理想的认同感。以美国为首的西方国家利用网络霸权传播资本主义意识形态，进行思想渗透，大肆宣扬那种超阶级、超越历史的抽象的“自由、民主、平等”，宣扬思想的多元化，尤其针对社会主义中国，歪曲我党和人民奋斗的历史，否定社会主义政治制度，企图颠覆我国的主流意识形态。随着我国改革开放的推进，引发了各种社会矛盾和社会问题，如贫富差距、地区发展不平衡、就业问题、三农问题、弱势群体维权问题等。西方各种敌对势力抓住这些问题，利用网络的虚拟性和隐蔽性造谣、诽谤，攻击和丑化社会主义制度，攻击我国现行政权的合法性，推销西方的政治思想文化，宣扬西方的多党制和议会制，鼓吹三权分立就是民主的言论，试图削弱我国人民的政治认同感，导致一些人道德评价失去规范，道德意识淡化，尤其是青少年的传统道德观念淡漠，法律意识、集体意识甚至是民族国家意识淡化。

网络时代意识形态渗透的内容和形式是无形的。互联网实现了个体的平等参与，且任何政府都无法实现对网络中所有信息进行检查和控制，这种“无政府”状态和“言论自由”的客观条件使得以美国为首的西方国家开展对其他国家的思想渗透成为可能；同时，西方国家也在人为制造意识形态和价值观念的渗透，通过文化霸权主义对别国进行文化扩张、文化控制。

在政治上，以美国为首的西方国家极力鼓吹“人权高于主权”，以人权的观念否定主权的原则，强调人权问题不再属于国内范畴，为干涉他国内政提供理论借口。同时大肆宣扬意识形态终结和三权分立，其用意在于鼓吹西方资本主义意识形态的“永恒性”，否定社会主义意识形态的科学性，进而否定社会主义的和平发展道路。在思想和价值观念上，西方势力强调西方语境下的自由、民主、人权和法治等价值观作为国际社会的通用规范，并凭借网络控制优势不断向我国推销其消费主义文化，追求享乐主义为目的的价值观念、生活方式和意识形态，企图消解马克思主义在意识形态领域的主导地位。在经济上，西方宣传自由化、私有化和市场化，动摇公有制是社会主义根本制度的科学性。西方还通过网络宣扬个人主义、拜金主义和享乐主义等资产阶级的人生观、价值观和生活方式，片面强调个人利益和个人人权，忽视社会整体利益和他人利益。网络对个人自由主义的强调就是一种变相的意识形态文化传播。

网络时代意识形态的渗透方式主要通过建立反动网站、建立各种论坛和聊天室的方式渗透，通过电子邮件传播非法电子刊物，通过各种通信、媒体工具传播不利于别国稳定的信息、图片、视频和资料等从事跨国宣传活动，促进公众观念和行为的变化。海外渗透组织针对中国建立的网站主要有“民主中国”、“未来中国论坛”、“中国人权”等，自 1997 年起，美国之音的汉语广播开始进入互联网,这些电台的网页出现诸如“侵犯人权”、“核武器扩散”、“愚昧”等字眼，从各个方面妖魔化中国。有些民间机构通过网络进行有条件的援助和贷款等方式从事破坏政局稳定的事，从而破坏别国的文化安全和文化主权，网络对国家文化安全产生的负面影响，主要体现在对国家主权和安全的影响，对国家政治制度和政治理念的冲击、对社会稳定的破坏和对民族文化的侵蚀等。

三、信息时代我国文化安全所面临的挑战与应对

网络信息技术扩大了不同国家、不同文化之间交流互动的同时，也给我国的文化安全带来了严峻的挑战，尤其是对我国主流文化和意识形态的冲击。

网络文化是一个自由传播、自由接受的离散文化。网络文化无序而又

缺乏监管的情势下，给人们带了自由和便利的同时，又成为一些人无聊情绪的发泄场所，为个人主义提供了广阔的发展空间。一些人宁愿在“虚拟时空”中，也不愿直面现实生活，导致人际关系淡漠，使人变得更封闭，这在一些青少年身上反映得尤为明显，甚至造成一些年青人价值标准的困惑和混乱。网络文化的“个人主义”对人们的心灵异化，政治信仰的消解与民族主义、极端主义的传播起到了推波助澜的作用。网络是信息的迅速传播者，有些信息通过网络传播形成了一种扩散效应，引发人们对传统道德的思考。从南京的“彭宇案”到天津的“许云鹤案”，法院用逻辑推理和分析的方法作出判决的时候，网友们对于以后遇到有老人摔倒的情况是否上前救助展开的热烈的讨论，并感慨现在好人不好做。类似案件之所以被热烈讨论，归根结底是案件涉及人性中最普遍和最基本的善与恶，触碰着人们对于“助人为乐”这一词语的情感底线，对于是否应该帮助摔倒老人的话题讨论，目前已经远远超过了整个案件本身，这些类似事件通过网络的传播和讨论所产生的负面影响是不可估量的。行善的风险使人们对陌生人表现出异常的冷漠。广东佛山的“小悦悦事件”折射出我们社会道德的滑坡现象。在功利化世界观的指导下，在自我的人际规范中，网络又放大了类似“彭宇案”的社会负面效应，良心、信仰和诚信的缺失是值得我们深思的文化安全问题。

信息是除物质、能量外，存在于客观世界的第三大要素，在全球经济一体化和互联网建立的新形势下，信息又已成为政治和外交的武器。虽然它没有战火硝烟，如使用得当仍可动摇一个国家的政权，破坏力不下于真枪实弹的战争。从文化安全的外部威胁而言，西方凭借网络信息技术方面的优势，推广西方的文化理念和价值观，不同文化的碰撞在特定条件下有可能导致社会危机和信仰危机，对我国社会主义主流意识形态形成严峻挑战，并威胁中国社会的稳定和国家的统一。以“CNN”、“美国在线”、“时代华纳”为代表的意识形态“软力量”几乎不受任何阻碍地在世界各地通行。据统计，在境外有2000多家反动的中文网站，里面有法轮功、民运分子，这些中文网站背后有强大的经济支持和推动，他们利用一切机会干扰和渗透意识形态，破坏我国的社会主义建设。由于互联网的普及，企图分裂中国新疆和西藏的境内和境外分裂势力拥有完备的宣传网络，他们利用互联网宣传分裂主义的合法性，捏造事实，散布经济、政治、文化方面的伤害或不公平的待遇，以煽动不满，破坏社会稳定。参与的平等性和隐匿性为境外反华势力和国内不稳定因素提供了机会。在2008年拉萨“3·14”事件中，西方反华媒体在电视、网络上歪曲事实的宣传达到了登峰造极的程度。明明是暴乱分子进行打砸抢并燃起大火，多数欧美媒体却口径几乎一致地把这种赤裸裸暴力犯罪说成“和平示威”，不少主流电视台和新闻网站还把尼泊尔军警殴打抓捕藏人示威者的镜头张冠李戴地说成“中国军警”镇压。汶川大地震之后，网上流传把中国几个灾难发生的日期与数字“8”联系起来，发布进攻北京奥运会的谣言。国际反华势力通过网络对“6·26”广东韶关事件大肆歪曲事实，编造虚假新闻，最终导致新疆乌鲁木齐发生打砸抢烧的严重暴力犯罪事件。网络时代，威胁中国稳定和发展的因素和力量是无形的，具有渗透性。信息技术革命在国家安全领域引起的变革意义更加深远，我国在21世纪迫切需要一个和平、稳定的国内国际环境，以便能集中精力来发展经济、增强综合国力，这是今后很长一段时间内我国国家安全的核心目标。要达到这样的目标，必须根据时代特点，兼顾中国国情和国际格局的演变，制订相应的国家文化安全战略。

网络必将改变中国，这是无法否认的事实，互联网已成为思想文化信息的集散地和社会舆论的放大器，我们要充分认识以互联网为代表的新兴媒体的社会影响力。据统计，截至2011年11月，我国网民总数约为5.05亿，互联网普及率为37.7%，较2010年底提高3.4个百分点。其中互联网宽带接入用户达到15509.3万户，比上年净增18.6%，手机网民数量达3.4亿，在总体网民中的比例达到65.5%。我国从1994年获准接入国际互联网以来，就以排山倒海之势迅速改变着中国传统的生产方式、生活形态和思想观念。由于发展迅猛，管理滞后，现实社会的诸多矛盾不仅一股脑地搬进网络空间，而且网络的虚拟性、便捷性以及传播空间的广延性等特点，又产生了一些有别于现实社会的特殊性问题，甚至面临国内外敌对势力的颠覆、渗透的威胁。可以说，互联网发展和规范，事关国家主权、文化安全和国家核心利益。互联网对文化安全的挑战是多方面和多层次的,应对这种挑战，要在观念和方法上要有转变，要以正确的态度对待网上各类信息。信息提供要由灌输式向引导式转变，要研究主流媒体与网络媒体之间的关系，引导读者接受所提供的信息。

在管理体制上，改变按现有部门划分职责权限的传统做法，加快建立法律规范、行政监管、行业自律、技术保障相结合的管理体制，加强互联网宣传队伍的建设，形成网上正确舆论的强势，加强主流意识形态的网络话语权。一是要提高政府等公共部门应对公共危机的能力。近年中国公共危机事件频繁出现，据民调反映只有 12.2% 的受访者对公共部门应对危机的表现表示满意。对于突发性公共危机事件，有关公共部门应当在第一时间及时、准确披露信息，对新型传媒中出现的相关信息，也应当及时关注,主动沟通,积极化解。二是通过互联网建立党和政府新型群众工作机制。互联网是信息社会党和政府开展群众工作的新领域、新途径。要逐步改变政府害怕网络、官员恐惧网络的弱势心态，培养高素质的网络发言人、网络新闻官和网络评论员，对于网络上反映的社会热点问题和敏感话题，党和政府应当及时发出正面、有说服力的声音，占领舆论制高点。同时要形成政府与公众多元化、多方位的沟通对话机制，让公众情绪有适度释放以及下情上达的机会，为最终化解矛盾、理顺情绪、建立信任创造条件。三是建立预防性社会舆论引导机制。要加强对热门网站、媒体和重要搜索引擎、网络社区、论坛、微博以及敏感视频、重点人物的关注，主动沟通，相互信任，最大限度化解网络上的负面效应，增进和谐因素。

制定和完善互联网管理法律法规体系，明确鼓励、引导、禁止的主体和行为。要合理引导舆论，控制互联网参与政治的程度。一方面通过立法打击破坏国家政治和社会稳定的行为，另一方面通过合理引导网上舆论，控制互联网对国家政治生活、经济发展和社会稳定的负面影响。美国在高举互联网自由的大旗下，对互联网内容进行了最为严格的监控和管理。我国是世界上网民数量最多、互联网发展最快的国家，在互联网领域却缺少监控管理的基本法。现有法规层次偏低，且不配套，部门规章各自为政，缺乏政策法规的统一性和连续性，大大降低了执法效能。我国应当学习和借鉴美国等国家监控管理互联网的做法，尽快建立中国互联网管理的基本法和基本完善的法律体系，加强包括网络实名制在内的互联网基本制度、规范建设，切实保护公民权益，打击网上违法犯罪活动，维护国家安全和稳定。尤其要充分重视对青少年的网络知识和技术教育，同时，要动员全社会的力量，从道德、教育、社会责任以及正确引导、加强监管等方面进一步强化对未成年人的教育和引导。

要加强对现有网络内容的管理,首先要强化对国际互联网接口的管理，屏蔽国外、境外提供煽动危害国家安全、破坏社会稳定以及淫秽色情等有害信息的网站，并采取外交或法律手段予以打击。加强对电信运营商、互联网接入服务提供商的管理，要求其承担起检查和监管的责任。进一步明确网络运营商、服务商的法律责任。美国从来都没有对互联网疏于防范和管控，美国地方政府至少有 26 个州制定了相关的地方法案，明确要求公共图书馆、学校、家庭等采取措施，防止未成年人获取淫秽等有害信息。“9・11”事件之后，美国以反恐为借口出台《爱国者法案》，对通信和网络进行严格管控。根据法案内容，警方有权搜索公民的电子邮件通信，甚至可在不经允许的情况下监视公民通信。2009 年 9 月，奥巴马政府还专门设立了负责互联网安全的监管机构。2001 年以来，韩国颁布《不健康网站鉴定标准》、《互联网内容过滤法令》、《促进信息通信网络使用及保护信息法》等法规，规定对于在互联网上散布淫秽色情信息等行为，互联网服务商或网站管理者应当进行删除或限制，这是其法定责任。他们发现、监控乃至删除或者限制有害信息最直接、最便捷，而且作为企业行为，也可以大大降低公众对政府的对立情绪。对放任传播有害信息，侵犯合法权益的网络服务商和网站经营者，政府应当依法从严处罚。同时建立行业限制准入黑名单制度，把搞乱网络的害群之马限制在行业的山门之外。国内相关网站应当严格自律，不提供违法内容的有害信息，并定期及时清理网民粘贴的有害信息。办好几个规模大的权威网站，从正面引导舆论。

第三节　美国文化霸权主义的输出及其对文化安全的影响

后冷战时期，世界文化格局和文化安全形势的趋势之一是美国文化霸权和民族文化之间的互动和斗争。文化渗透和文化扩张是美国称霸全球战略的重要组成部分。美国所追求的霸权，既包括政治、经济，也包括文化方面的优势地位。美国要建立以美国文化为主导的世界文化格局，把自己的意识形态强加给其他国家和人民，甚至以此来干涉别国内政，是典型的“文化霸权主义”和“文化帝国主义”。

一、文化霸权和文化帝国主义

文化霸权主义和文化帝国主义都是一种关于意识形态权力的理论，在意义上是一对相似的概念，只是站在不同的学科角度揭示其意义。

现代意义上的霸权概念来源于希腊，指的是一个国家对另一个国家政权的统治。在过去半个多世纪常被用于文化政治的讨论，后来被广泛应用于领导、支配、权力的关系，尤其是世界各国之间的政治、经济和文化的关系。文化霸权在20世纪30年代成为葛兰西著作中一个重要的概念，[1]用以解释社会或国家内部的一种统治形式，强调意识形态领导权，因此，文化霸权理论也被称为“文化领导权理论”。

葛兰西认为，国家上层建筑可以分为两大领域：政治社会和市民社会。

[1] 葛兰西:《葛兰西文选》，人民出版社1992年版;《狱中札记》，人民出版社1983年版;《实践哲学》，重庆出版社1990年版。

政治社会和市民社会是相互渗透的，一方面统治阶级要劝说市民社会成员同意他的各项政策，需要在市民社会中进行舆论宣传；另一方面市民社会本身就是被统治阶级合法意识形态笼罩着，如果要传播一种反统治地位的思想，就必须揭露与突破统治阶级的思想框架。葛兰西认为，统治阶级要统治市民社会，就必须借助文化人和文化机构，使自己的伦理、政治、文化价值观成为普遍接受的行为准则，使广大群众自由地同意统治集团所提供的生活方式。知识分子和领导集团在文化领导权中起着重要作用。意识形态不是一个脱离日常生活的抽象的思想领域，作为一种媒介物，它通过不同的社会形式可以体现为一种道德和哲学及文化上的领导权。这就是一种文化霸权。葛兰西认为，资产阶级越来越倾向于用建立文化霸权的方式来维护统治，他们把知识和道德的领导建立在资本主义的市民社会里，建立在全部的教育、宗教、政党、报纸、媒介、家庭和日常生活的各个方面，从而通过这个巨大的文化制度网络和文化产业系统对人们进行控制和操纵。葛兰西提出的策略是说服被统治者要接受统治者的道德、政治和文化价值。

文化霸权，亦称文化强权，一般指霸权国家利用其强势地位向其他国家进行文化渗透和扩张，迫使别国接受其价值观和意识形态的现象。文化霸权被应用于国际关系，主要是指思想的流动对别国产生的影响，如包括商业、语言、宗教、艺术等在内的文化习俗从世界的一个国家或者地区传向另一个国家或地区，以及这些思想对接受地区的文化习俗的影响。在国内社会，真正力量并不是统治阶级的暴力或其国家机器的强制性权力，而是被统治者对于统治者世界观的接受。统治阶级需要借助文化人和文化媒介影响市民社会的价值观念，维护政治合法性和认同。在国际社会中，霸权国家维护其合法性的方式亦是如此，这也正是软实力和美国“巧实力”战略的目的所在。葛兰西的文化霸权理论对于我们今天思考全球化背景下所面临的文化帝国主义的渗透具有巨大的理论价值。因为如果不考虑霸权、抵制性的认同、支配性的和从属性的话语这些现象，就不可能理解全球体系中的文化过程。[1]

第二次世界大战结束特别是冷战结束后，西方国家特别是超级大国美国输出自己的价值观念和制度模式，无视其他国家的主权界限，侵蚀和损害其他国家特别是发展中国家的文化主权。随着信息技术的发展以及全球化趋势的加强，掌握先进科学技术的发达国家，因为拥有发达的经济和强大的综合国力，特别是拥有先进的因特网、卫星电视等传播技术和手段，竭力拓展世界思想文化市场，控制思想文化资源，把建立文化霸权作为谋求世界霸权的全球战略的重要组成部分。

"文化帝国主义"的论断出现在20世纪60年代以法兰克福学派为代表的激进主义对二次大战后的西方文化进行了全面批判。他们认为以消费主义为特征的，借助于高技术手段进行大批量生产的文化工业，尤其是通过大众媒介广为传播的西方文化，其实是意识形态控制的新形式，也就是一种"文化帝国主义"。文化帝国主义研究的集中议题就是国际文化生产与流通的不平等结构，是如何形成、扩大和加强了一种新形态的跨国支配。英国国际传播与文化研究中心主任汤林森教授1991年著有《文化帝国主义》，提出"文化帝国主义"作为"媒介帝国主义"的话语、作为"民族国家"的话语、作为批判全球资本主义的话语和作为现代性的批判四种形式，否认了文化帝国主义对第三世界的"文化支配"、"文化殖民"和"文化霸权"。[2]美籍巴勒斯坦学者萨义德深入地对帝国主义与文化的关系作了学理上的分析与批判。在《文化与帝国主义》一书中通过对简·奥斯汀、加缪和康德拉等英法作家文学作品的解读，揭示了西方文学与帝国主义的关系，即一方面欧洲人是如何通过这些文学叙事来建立起作为"他者"的殖民地文化经验；另一方面，殖民地国家的人民又是如何借助来自欧洲的有关解放和启蒙的阐述来反抗帝国主义。后者与其说是民族自决，不如说是一种帝国主义话语的变相强化。尽管"二战"后帝国主义随着世界范围内民族解放

[1] ［美］乔纳森·弗里德曼著，郭建如译：《文化认同与全球性过程》，商务印书馆，2003年版，第41页。
[2] ［英］汤林森著，冯建三译：《文化帝国主义》，上海人民出版社1999年版。

运动的高涨已经日薄西山，尽管直接的殖民主义在今天已经基本完结，但是“帝国主义”像过去一样，在具体的政治、意识形态、经济和社会活动中，也在一般的文化领域里继续存在。[1]全球化无疑强化了这一现象。在萨义德看来，帝国主义的西方/非西方这一典型的二元对立仍是当今西方世界用来构建其话语的主导修饰语，只不过控制这一修辞的帝国已经从英法转移到美国。1999年，法国的外交部长贝尔·韦德里纳说：“美国今天的霸权地位已经延伸到了经济、货币、军事、生活方式、语言和铺天盖地地涌向全球的大众文化产品等领域。这些文化产品左右着人们的思想，甚至使美国的敌人也为之着迷”。[2]美国政治学者汉斯·摩根索毫不掩饰地揭示了“文化帝国主义”作为大国强权政治支配下的文化的本质特性。[3]他认为：“文化帝国主义”是一种帝国主义政策，而且是最成功的“帝国主义政策”。这一政策的目的“不是征服领土，也不是控制经济生活，而是征服和控制人心，以此为手段而改变两国之间的强权关系。自第二次世界大战以来，美国通过各种条约和一揽子的援助计划将代表美国文化的电影等输入其他国家，尽管其他各国采取了不同的抵制方式，但仍然无法从根本上抵挡美国文化在全球的横行。美国“通过北大西洋自由贸易区、关税和贸易总协定、国际销售协定和世界贸易组织等发生作用”。[4]

文化霸权主义和文化帝国主义具有内在的一致性，都表现为采取强权政治的手段，强行推行宗教信仰、文化习俗和价值观念。在全球化的背景下，文化帝国主义和文化霸权主义对于国家文化安全产生更直接和现实的影响和威胁。西方国家尤其是美国作为全球化进程的推动者和主导力量，追求的不仅仅是开放的全球市场，还包括西方文化、政治制度和价值观念主导的世界。由于美国主宰全球通信、大众娱乐和大众文化的巨大但又无形的影响，也由于美国技术优势和军事作用的潜在的有形影响。美国大众文化

[1] [美]萨义德：《文化与帝国主义》，生活·读书·新知三联出版书店，2003年版，第10页。
[2] 转引自胡鞍钢、门洪华主编：《解读美国大战略》，浙江人民出版社2003年版，第39页。
[3] [美]汉斯·摩根索《国际纵横策论——争强权，求和平》，上海译文出版社1995年版，第87—93页。
[4] 王逢振主编：《詹姆逊文集：现代性、后现代性和全球化》，中国人民大学出版社2004年版，第369—370页。

具有一种磁铁般的吸引力，尤其是对全世界的青年。美国的电视节目和电影大约占世界市场的四分之三，美国的通俗音乐居于同样的统治地位……因特网用的是英语，全球电脑的绝大部分点击内容出自美国，影响着全球会话内容。美国已经成为寻求高等教育的圣地，有近50万的留学生涌向美国。民主的理想同美国的政治传统结合起来，进一步加强了一些人眼中的美国的“文化帝国主义”，这个体系是以美国为中心这个意义上说，这个体系是霸权主义的。[1]

二、美国文化霸权的目标和输出路径

文化霸权理论自葛兰西提出后，被西方文化精英作为一种事实状态的描述，而不包含贬义或褒义的感情色彩。所谓西方文化霸权，就是西方国家把其物质生活方式、人生观和价值观作为一种普世的行为准则加以推行，赋予自己在文化上的支配地位，西方文化霸权产生的直接背景是西方的科技优势，及其对信息革命技术的垄断。[2]这种文化霸权主义在当代世界中影响相当大，最直接的体现就是在世界话语体系中英语的支配权，英语是文化传播和信息传播的主要载体。

美国推行文化霸权主义的基本假定是以美国为代表的西方文化在世界文化格局中的中心地位，美国文化价值观念的普世性及美国为推广这一价值的使命感和意志以及技术的推动，使整个世界文化的发展至少在形式上趋于同一性。正如詹姆斯·彼得拉斯在《二十世纪末的文化帝国主义》开篇中所说：“美国文化帝国主义有两个主要目标，一个是经济的，一个是政治的。经济上要为其文化商品攫取市场，政治上则是要通过改造大众意识来建立霸权……文化霸权主义的主要目标是青年。[3]美国的文化商品之

[1] ［美］布热津斯基：《大棋局》，上海人民出版社1998年版，第35—40页。
[2] 孙晋中、晁永国：《全球化时代的西方文化霸权》，《光明日报》，2001年12月18日。
[3] James Petras, “Culture Imperialism in Late 20th Century”, Economic and Political Weekly, Vol.29, No.32, August 6, 1994.

所以能够遍布全球，与政府在国际上对文化产业的保驾护航不无关系，美国文化产业既是商业的摇钱树，又是政治的传声筒。“民主、人权、自由、法制”观念和美国的生活方式是美国“文化帝国主义”的主要内涵。文化霸权体现于国家文化产品的输出，美国的影视产品和书籍以及电脑软件取代了其农作物和工业品。尤其在冷战结束后，世界文化市场的开放，美国的文化产品具有不可阻挡的传播之势。这些掩盖在技术文化背后，以普世性为基本传播平台的文化产品，有形和无形地影响世界文化生态，形成一种强大的塑造文化权威的力量，与美国主张的单极世界相互促进。建立在文化霸权基础上的美国政治思维是美国单边主义外交路线的文化根源。

从目前的情况看，美国已经占据了全球文化的制高点，它本身就是全球文化游戏规则的操纵者。美国即使无须任何一种文化政策，任凭文化产业随着市场规则来独自运转，也会在全球市场中独占鳌头。实质上，这是一种更深层、更有效的文化霸权战略。美国由于在文化产业上具有经济主导性，因而，他们反倒无需文化上的特权，而只需其他国家和地区不设置文化保护之类的障碍即可。美国根本不会顾及那些边缘化国家中早已十分突出的文化问题，他们感受不到那种民族文化受倾轧的危机。他们深知，自身不设文化监管部门也是一种表率，假若其他国家的政府也如法炮制，那美国将无疑是更大的受益者。这种驱除了文化限制的自由市场诉求，会为美国文化产业大开方便之门，其实就是要求文化服从于市场。这种“没有政策的政策”、“没有策略的策略”恰恰是一种实现“文化霸权”的最为有效的策略。美国这种表面上看去十分开放的文化策略其实隐匿了更深层的意识形态性。

据英国编辑弗朗西斯·斯托纳·桑德斯经过数年研究写出的《文化冷战——中央情报局与文学艺术》揭露，一个由中央情报局幕后操纵的组织“文化自由大会”，在35个国家设立分支机构，出版20多种刊物，经常举办艺术展览和高规格的国际会议，为音乐家、艺术家颁奖。中央情报局从事“看不见的宣传”，就像“中央宣传部”，培养以美国是非为是非的知识精英，通过他们树立美国的“正义”、“文明”形象，有计划地运用宣传和其他非战斗活动传播思想和信息，以影响其他国家人民的观点、态度、情绪和行为，使之有利于本国目标的实现。中央情报局有用不完的经费，通过举办讲座和研讨会，创办学术刊物、开设图书馆、资助学者访问等方式，加紧对各领域的思想渗透。[1]

世界全球化和信息化进程是任何国家都无法置身事外的，但却给美国文化的扩张提供了过去时代无法比拟的外部环境。美国试图以“美国化”来代替全球化，以美国的文化价值观来“重塑”整个世界，最终形成后冷战时代“美国治下的和平与秩序”。前美国商务部高级官员戴维·罗特科普夫曾指出：“对美国来说，信息时代对外政策的一个主要目标必须是在世界的信息传播中取得胜利，像英国一度在海上居于支配地位那样支配电波……如果世界趋向一种共同语言，它应该是英语；如果世界趋向共同的电信、安全和质量标注，那么它们应该是美国的标准；如果世界正在由电视、广播和音乐联系在一起，节目应该是美国的；如果共同的价值观正在形成，它们应该是符合美国人意愿的价值观。”[2]

美国外交决策者将文化中的基本价值观念简化成一套意识形态教条，主要是政治民主化、人权保障、市场经济制度等内容，并把其作为一种普世的行为准则加以推行，借助经济科技优势，赋予自己在文化上的支配地位。在国际政治领域的斗争中,美国向来重视文化的力量。这种文化战略，在促使苏联和东欧剧变中得到成功的运用。苏联的解体，固然有其内部的原因，但美国等西方国家运用传媒的渗透，对苏联官僚集团和知识分子价值观念的转化起了决定性的作用。

冷战结束后，美国开始更多地采取“经济援助”、“民主援助”等手段向海外输出“民主”，传播经济自由化和政治民主思想。在美国人的价值观念中，立足于个人主义的人权的尊严和民主思想占统治地位，因此美国

[1] ［英］弗朗西斯·斯托纳·桑德斯著，曹大鹏译:《文化冷战与中央情报局》，国际文化出版公司 2002 年版。

[2] David Rothkopf, “In Praise of Culture Imperialism?” Foreign Policy, Summer 1997, pp.39–45.

的外交政策也以提高个人人权和建设民主社会为目标之一。美国的经济援助有的是以政治为目的，支持别国的国内斗争，建立美国式民主的国家；即使是在经济领域的援助，也要以人权纪录为前提。南联盟的“倒米”浪潮是西方国家直接策动的文化战争。美国“政府对外资助机构”通过商业合同交给塞尔维亚反对派大量经费。在南联盟总统选举时，美国资助反对派的重达 80 吨的 250 万张标语张贴在大街小巷，每一个投票站的监督员都领到西方提供的“好处费”。米洛舍维奇就是在这样的文化攻势下无可奈何地宣布辞职。在中亚地区的“颜色革命”中，街头政治是美国最娴熟和惯用的手法。美国除了在双方僵持的关键时刻，积极给予反对派以道义的支持外，更重要的是向这些国家的反对派提供政治现金。以支持民主选举程序为名，反对派得以取代执政党上台执政，最终“革命”取得成功，推行“美国式民主”。

美国积极援助第三世界国家加入全球贸易体系，借此推行美国的民主理想。美国把人权标准作为援助的筹码，1961 年美国政府的《对外援助法》修正案把受援国家的“人权”状况作为提供援助的重要依据和条件。1976 年，美国国会通过《对外援助法》502B 项修正案，要求国务院每年“就每个被提议接受美国援助的国家在尊重国际承认的人权方面的情况”向国会提交一份详细而完整的报告；对侵犯人权的国家美国将中止军援，除非出现与国家利益密切相关的情况。

美国文化的全球性扩张，在大多数情况下属于非政府部门的文化产业企业为巨额利润所驱动而进行的经营性活动，但在实际操作中受到政府的支持，尤其在对外宣传方面已与美国外交联系在一起。虽然美国政府对内鼓吹文化思想自由，但是对国外却十分重视其官方的宣传活动，其目的是树立美国的正面形象，大力宣传美国的价值观，通过文化渗透来提升美国的影响力，维护美国的安全利益。

70 年来，“美国之音”一直是美国联邦政府的一个对外宣传机构，它的经费完全由美国联邦政府提供，2010 年的财政预算为 2 亿多美元。现在的“美国之音”与世界范围内的电台和电视台签署有1200个以上的合作协议，每天向美国境外进行44种语言的电台、电视和因特网广播，每周播出的新闻等节目长达1500个小时，全球听众估计达1.23亿人。它在一段时间内广播语言的多少以及每种语言广播时间的长短，是根据美国联邦政府工作的重心和世界形势来决定。比如在2001年，它广播的语言达53种，有12套电视节目。1996年，成立自由亚洲电台，用汉语、缅甸语、柬埔寨语、老挝语、越南语、朝鲜语等多种语言向东北亚和东南亚地区进行广播，其中对中国的广播是主要部分，且主要是来自中国的负面新闻。

美国有大量的非政府组织从事隐性文化宣传活动。1961年肯尼迪总统创建的美国的“和平队”在文化推广上卓有成效。美国成立这个组织的初衷是利用美国在经济、技术和文化上的整体优势，同苏联争夺广大的中间地带，并通过“和平队”向新兴的发展中国家输出美国的文化和价值观念,将第三世界国家的发展纳入美国所期待的轨道。2011年是“和平队”50周年，已有20多万和平队志愿者奔赴各地，在非洲、亚洲、加勒比、中南美、欧洲、太平洋和中东地区的超过139个国家服务。在中国被称为“美中友好志愿者”，总部设在四川成都，志愿者奔赴四川、贵州和甘肃省的偏远地区，提供教育、医疗及基础设施建设等服务。“和平队”推进了美国外交政策提出的目标，而所花费用只是美国军费的一个小得不能再小的零头。“和平队”不像美国国务院那样，公开为美国对外政策进行辩护；也不会像国际开发署那样，利用手中的资金和其他经济资源服务于美国的对外政策；它也不会像“美国之音”等传媒那样，公开宣传美国的政治价值观念；更不会像美国军队那样，为维护美国的国家利益随时出手。“和平队”是美国对外政策中的一支“隐性”力量，这种“隐性”的力量与中央情报局的秘密活动不同，它不是通过秘密活动如暗杀、金钱收买、策反甚至策动军事政变等手段达到自己的目的，而是通过公开的，从表面看来是“利他性”的活动中，加强美国对第三世界国家的吸引力。作为美国对外政策中的“软实力”，“和平队”对美国外交的贡献还体现在以下两个方面：一方面，和平队作为美国外交的“软实力”，服务于美国的外交战略。“和平队”志愿者作为美国文化的载体，把美国文化及其价值观念渗透到广大第三世界国家，并帮助这些国家抵御共产主义思想和价值观念的传播。另一方面，“和平队”工作有助于帮助美国了解第三世界国家的文化背景，从而使得美国的外交决策更具有针对性，也更富有成效。不用枪炮，不用高压政治，甚至没有赢利动机，和平队加强了美国对外部世界的吸引力，传播了美国的文化及价值观念。[1]

美国霸权文化输出的常用手段是利用对外文化交流项目或项目援助进行文化渗透，美国政府的公共组织和私人机构的基金会担当了重要角色。他们每年在对外文化艺术行动、与文化有关的学术研究、人员交往等方面投入了大量的资金。目前美国政府方面比较重要的对外文化交流项目有富布赖特项目、美国教育项目、教育伙伴项目、英语图书项目、美国研究项目、哈姆弗雷项目等，洛克菲勒基金会、卡内基基金会是长期从事资助文化项目的主要私人基金会，注重教育和文化慈善，全面介入美国的文化外交。美国充分利用教育资源的优势，尤其是高等教育的优势，向外输出教师，大量招收留学生，形成教育的国际产业。发达国家在国际文化交流中处于优势地位，教育的国际化可以给发达国家带来文化和人才的双重收益，增强他们对发展中国家的文化渗透和影响能力。

美国通过文化产品的输出进行文化产业形态的入侵。美国积极支持文化贸易自由化，进行电影、书籍、期刊、报纸、音乐唱片和电脑软件等文化产品的输出。由于传播市场的严重失衡，致使西方尤其是美国文化产品大量输出到发展中国家，宣扬了美国文化的价值观、娱乐文化、消费文化和生活方式。全球电影市场基本由美国电影控制，风靡全球的电影大片基本都是来自美国的好莱坞。视听节目的全球性市场也基本由美国的 CNN、MTY 等全球性频道主宰，其他国家和非美国公司只能在更低层次的区域

[1] 刘国柱:《和平队与美国对第三世界外交的软实力》,《浙江大学学报（人文社会科学版）》2008 年第 1 期，第 38—43 页。

性、全国性和地方性的市场中有所份额。文化产品的输出已经成为美国文化霸权主义对别国进行灌输思想和移植观念的主要渠道，人们在消费来自美国的文化产品时，会受到蕴藏在其中的美国的价值观、生活方式和思维方式的影响。例如在 20 世纪 90 年代的法国，美国电影在法国电影市场所占的比例超过了 58.7%，巴黎 6 个频道每年播放 1300 部影视作品，其中 1000 部来自美国。法国因此评论说，美国电影就像恐龙一样正把利爪伸向“世界公园”，长此以往，我们的文化将面临灭绝的危险。[1]

在信息时代，美国积极利用互联网进行文化渗透和扩张。互联网使信息突破了地域限制进行传播和互动，使得国家对民众的政治信仰、价值观念已难以进行有效的控制和引导。互联网为文化帝国主义推行世界文化霸权和意识形态提供了强大的手段，是美国进行文化渗透和扩张的平台和工具。利用信息时代的工具来宣传美国的理想是促进美国利益的最强有力手段。美国是互联网的原创国，在网络技术和应用开发方面拥有辐射全球的影响力。1993 年克林顿政府就制定了《信息高速公路计划》，致力于互联网的建设、开发和国际推广，不仅在互联网技术遥遥领先，而且具有极端强势的国际话语权。美国是因特网的中心，目前，美国不仅控制了绝大多数网络核心技术，控制了软件和硬件的生产和开发，而且占据了全球八成以上的网上信息资源，这些信息带着美国文化印记，以很强的渗透性“吞噬”着当地的传统文化，影响着人们的传统思维方式。美国在互联网上的霸权地位，使得美国文化一直扮演输出者的角色，对别国的政治文化安全造成了极大的侵蚀。正如英国学者约翰·汤林森所言：“当人们发现他们的生活和生计越来越不受母国的机构制度的影响时，未来使他们得到安全和稳定的文化归属感，也逐渐被吞噬了”。[2]

2010 年历时 3 个月的“谷歌事件”本来是单纯的商业事端，引起了网民和媒体的关注，美国政府高层对此事件的利用，使该事件演变成具有

[1] 张骥等:《文化与当代国际政治》，人民出版社 2003 年版，第 94 页。
[2]［英］约翰·汤林森:《文化帝国主义》，上海人民出版社 1998 年版，第 20 页。

强烈政治倾向的事件，也预示着美国的战略转变。过去，美国往往通过武力来确保其全球霸权地位，但如今美国实力已经因为国际金融危机和反恐战争而大为削弱，于是美国把战略重心从军事领域转移到了互联网领域。[1]

美国的文化战略取得了一定成效，在很大程度上有助于美国在国外政治、经济等利益的实现，但美国实际实行一种单向的文化输出活动，与整个国际文化交流大趋势相悖。美国在科学技术和文化等领域的优秀方面已逐渐被国门开放的发展中国家所接受，成为本国传统文化走向现代化的“桥梁”。[2] 然而，美国试图使多元文化的世界归到一种文化的主导之下，这种想法和行为难以实现，人为地引发出了文化上的冲突，给国家间发展正常关系留下深深的阴影，也不利于美国文化的发展和进步，因为一种文化要适应大势，获得发展，不仅要学会与他国文化共存，更重要的是要不断从不同文化中汲取所需要的“养分”，文化交流本身的积极意义也在于此。

三、美国文化渗透对中国文化安全的挑战

美国文化政策的核心是向世界推行美国式的价值观念，以文化外交为途径不断进行文化渗透，在其他国家的上层精英中扶持“亲美派”，影响普通民众接受美国式的价值观和生活方式，从而对其他国家的文化安全、意识形态等方面构成严重威胁和挑战。因此，中美关系中的文化安全问题是事关两国关系发展和战略互信的关键问题。美国在同意中国享受最惠国待遇时，以不干涉“美国之音”作为一个前提条件。美国国会在“1995年中国政策法”中将开办“自由亚洲电台”列为重点条款之一。在中美知识产权谈判中，美国谈判代表奉政府之命，强硬地要求中国开放国内文化市场，接纳美国各类影音制品。

在美国强势文化面前，我国的文化安全面临着严峻挑战。有中国特色

[1] 姜飞、张丹等:《“谷歌事件”及深层解读》，尹韵公主编:《中国新媒体发展报告（2010）》，社会科学文献出版社2010年，第241页。
[2] 王晓德:《美国文化与外交》，世界知识出版社2000年版，第557页。

的社会主义先进文化，是凝聚和激励全国各族人民的重要力量，是综合国力的重要标志。在中美文化交往中，中国的传统文化面临危机。文化涉及到一个民族全面的生活方式，它包括“价值、规则、体制和在一个既定社会中历代人形成的思维模式”。消解民族文化，必将化解中华民族的内在凝聚力，造成中国深层次的“文化弱势”，削弱中国的综合国力。在意识形态方面，以马克思主义为思想基础的社会主义国家意识形态与美国资本主义意识形态存在严重的对立和冲突。因此，美国通过传播西方资本主义的政治模式和价值观念，加紧进行意识形态渗透的文化霸权主义，给社会主义国家的文化安全造成很大的压力和挑战。美国的各种文化交流项目中，中国是接受捐助最多的国家之一。我国人文社会科学领域就出现了西方理论主导化的危险倾向，处于中坚地位的“新生代知识分子”西方生活上的渗透和理论上的话语霸权，将使中国主流文化价值体系失去在社会生活中的主导地位。如果一个国家失去了这种共同的、稳定的基本价值观念，或者是分裂为许多不同的相互冲突的价值观念，或者是遭到外来文化的入侵在短时间内失去了自己的主导地位，那么社会中具有不同基本价值需要、运用完全不同的话语体系的各种利益集团就必然沿着不同价值观念的边界进一步发生深刻的、乃至不可弥合的分裂，并进而引发整个社会的大分裂、大动荡。

文化产业及其产品是文化传播的载体，文化市场是文化传播与流通的重要形态。文化霸权主义要想影响到一个国家的主流意识形态，必须首先进入一国的主流文化市场。好莱坞电影一直是美国对外输出文化的排头兵，各国的电影产业和电影市场都受到冲击。中国在与美国进行入世谈判的时候，对好莱坞电影的引进曾有非常明确的限制。1999 年 11 月 15 日，中美两国政府在北京签署了关于中国加入世界贸易组织的双边协议。电影成为两国拿到 WTO 谈判桌上的最早的项目之一。

对电影产业的开放，我国的承诺有二：一是在与《中国电影管理条例》一致的前提下，每年引进 20 部外国影片作为分账片放映；二是加入 WTO

后，允许外资参与改造、改建中国影院，但外资的比例不得超过49%。即便如此，好莱坞电影依然对中国本土电影产业构成了沉重的压力。近两年“中国元素”在好莱坞电影创作中已经成为一种风潮。《功夫熊猫》《艺伎回忆录》《木乃伊3》《2012》《阿凡达》等一系列影片，都或多或少运用了“中国元素”，《最后的风之子》达到新的高点。最让国内观众难以忘记的当属《功夫熊猫》的票房热卖。片中“功夫”和“熊猫”两个主要元素便都来自于中国文化。

中国电影市场的迅速崛起，好莱坞日益重视“中国元素”是为了“钱途”，让中国观众有一种文化认同感，《2012》片中一句“解放军救了全世界”以及“诺亚方舟在拉萨建造”，还有美国总统发言：“幸亏这个任务交给了中国人，只有他们才能准时完成”。这样的语言满足了中国观众的民族自豪感，好莱坞收获的则是超高票房回报。面对中国市场这块诱人的蛋糕，好莱坞电影公司发现采用“中国元素”是进入中国市场的法宝。请华人演员、到中国取景，能有中国方面的投资就更好，以合拍片的名目而不受进口配额的限制。不管一部好莱坞电影中有多少“中国元素”，它所讲的永远是美国故事，体现的也永远是美国人的价值观，这在某种程度上是对国家文化安全的挑战。这一现象用法规限制或政府出面难免有文化封闭或文化保护之嫌，只有通过加强监管的方式，同时善于同好莱坞电影公司合作引导“中国因素”，使之成为传播中国文化的媒介，要成为文化的引领者，而不是追随者与迎合者，建立自己民族的话语模式，追求鲜明的民族性特征和深刻的思想内涵是中国影视文化矢志不渝的追求。

中美的文化交流对两国的积极意义是不容忽视的，有利于塑造更客观的美国“中国观”，也有利于中美关系的良性发展。来自美国“和平队”的何伟在两年的英文老师工作结束后，没有离开中国，为了解中国，他开始了旅游路程。2001年，他的第一本书《江城》出版，写的是他在涪陵的经历和感想，并成为了《华尔街日报》的新闻助理。从此，他的中国写作引起了美国新闻界的注意。他试图告诉美国一个真实的中国——既有传统中的阴鸷与伟岸,又有转型期的光明与羁绊。他为《纽约客》《国家地理》《大西洋月刊》这样的美国顶尖杂志撰稿。有人评价说,“何伟的笔下是真中国,是连一些生活在中国的青年人都不知道或拒绝认识的中国”。

“百人会”是美国一个华人精英组织,会员们在美国社会具有一定的影响力与知名度。2007 年,“百人会”委托佐格比国际民调公司进行《希望和恐惧——中美双方态度》民意调查。报告涵盖了美国人对中国人的态度,以及中国人对美国人的态度。涉及的问题包括经济、贸易、产品安全、台湾问题、气候变暖以及对中国发展的看法、2008 奥运会等方面。资深国会工作人员的满意度,从 2005 年的 19% 上升到了 2007 年的 35%。另外,美国的意见领袖、商业领袖和国会工作人员对中国的认识也从以往的单一政府取向(例如一党制、共产主义等)逐渐演变到了注重中国在国际事务中的角色(例如经济实力、大国的责任和挑战等),与中国携手合作成为了大部分美国人的新共识。调查报告提供了 3 条中美关系发展的建议:开放两国间的旅游(被调查的人群中,曾有机会到对方国家探访和旅游的人往往对对方国家有更好印象);增进国会工作人员对中国的了解;改善两国媒体对对方国家的不公正报道。这些建议不仅是中美关系的发展之道,也是中美文化交流中,维护中国文化安全的路径。

第四章　改革开放以来中国的文化建设和文化危机

20 世纪 80 年代后，中国开始了全面改革和现代化进程，不仅带来了国家政治经济结构的巨大变动，也带动了文化建设形态的变革。在社会主义市场经济下，政府办文化的格局发生了转变，中国文化建设获得了前所未有的活力和新的生产形态。自主选择、市场导向、消费需求和利润目标是市场经济的动力机制，文化市场在文化资源配置中的基础性作用，已经成为中国文化建设与发展的新形态和发展方式。随着文化事业的深入发展，我国公民的文化权利得到了保证，随着文化产业的迅速发展，丰富和繁荣了文化生活，随着文化“走出去”步伐的加快，我国文化的开放度和文化影响力有所提升，这三个领域基本构成了中国文化安全的现状和未来维护文化安全的起点。

第一节　中国文化建设的变革

文化是民族凝聚力和创造力的重要源泉，越来越成为我国综合国力的重要组成部分，也越来越成为我国经济社会发展的支撑力量，中国文化变革的核心是人民的精神文化生活需求越来越旺盛。改革开放，特别是党的十六大以来，文化在国家战略中的地位日益提高。党的十五大政治报告，首次明确地将文化放在经济、政治同等重要的地位，对我国当前文化的发展作出了新的战略部署。报告指出:“建设有中国特色的社会主义文化，就是马克思主义为指导，以培育有理想、有道德、有文化、有纪律的公民为目标，发展面向现代化、面向世界、面向未来的，民族的、科学的、大众的社会主义文化”、“建设立足中国现实、继承历史文化优秀传统，吸取外国文化有益成果的社会主义精神文明。”党的十六大进一步从根本上确立了文化在国家体制、发展战略和未来竞争中的地位。十六大报告指出，“当今世界，文化与经济和政治相互交融，在综合国力竞争中的地位和作用越来越突出。文化的力量，深深熔铸在民族的生命力、创造力和凝聚力之中。全党同志要深刻认识文化建设的战略意义，推动社会主义文化的发展繁荣。”党的十七大进一步作出了推动我国文化大繁荣大发展的战略决策，提出:坚持社会主义先进文化前进方向，兴起社会主义文化建设新高潮，激发全民族文化创造活力，提高国家文化软实力，使人民基本文化权益得到更好保障，使社会文化生活更加丰富多彩，使人民精神风貌更加昂扬向上，为党和国家文化繁荣作出了贡献。在一系列重大举措的推动下，我国当前文化已经逐步走向我党和我国国家发展政策的中心，文化发展的理念已经成为党执政兴国第一要务的重要组成部分。文化建设成为我国经济建设、政治建设、社会建设以及生态文明建设协调发展的坚强思想保证、强大精神动力、有力舆论支持和良好文化条件。

一、文化发展理念和实践的创新

文化发展理念和实践的创新体现于对文化属性认识的逐渐深化。在计划经济时代，我国整个文化领域包括文学艺术、广播电视、新闻出版、文化遗产等，组织构成是门类繁多的“文化事业单位”。文化事业被单一归属于意识形态领域，文化事业承担着管理及传播意识形态的功能，这种文化发展理念强调文化的政治属性。改革开放以来，尤其是社会主义市场经济体制改革以来，我国的经济社会环境发生了巨大变化，文化发展的理念和实践也不断突破原有的认识。音乐茶座和营业性舞厅在中国南方城市的兴起，使得文化娱乐业在中国重现；演员“走穴”使少数文艺工作者先富起来，推动了院团体制的改革；图书零售业的放开使国有新华书店一统天下的局面不复存在；文化搭台经济唱戏，国家不再包揽中国文化建设的一切事物。市场经济大潮不断冲击着传统计划经济体制下形成的文化事业理念和管理模式，文化事业的社会属性和经济属性逐渐凸显。

按照文化的经济和意识形态属性，我国将传统的文化事业划分为文化事业和经营性文化产业两个部分，确立了文化的经济属性和文化产业的地位。长期以来，我国文化单位大都采取事业体制，实行事业单位企业化管理，文化事业和文化产业的明确划分则发挥了市场在合理配置文化资源中的基础性作用。2000年，党的十五届五中全会第一次提出了“文化产业”的概念，打破了传统计划经济体制下国家包管文化事业的模式。2002年党的十六大明确提出“要积极发展文化事业和文化产业”，分别就文化事业和文化产业的改革发展提出了具体目标和任务。自2003年以来，文化体制改革坚持公益性文化事业和经营性文化产业两手抓，并在全社会达成共识。

文化事业和文化产业是文化发展过程中的两个相互交叉渗透又相互独立的不同形态，目的都是为了满足人民群众的精神文化需要。在运作方式上，文化事业是重要的社会公益事业之一，是向社会提供公共产品和公共文化服务，运作所需资金主要依靠政府拨款，行为是非营利性的；文化产业是文化建设活动中活动主体用产业方式进行运作，以营利为目的的经济活动。推动经营性文化事业单位转制为企业，建立现代企业制度，使其成为合格的文化市场主体（见表 4–1）。

表 4–1　文化事业和文化产业的对比

区别	文化产业	文化事业
主体	企业	政府部门
目标取向	营利	文化导向、国民教育感化
资金来源	社会筹资、公司企业投资	国家财政开支
组织形式	企业组织形式	行政事业部门或单位团体组织形式

文化产业和文化事业之间也存在着明显的联系。比较来看，文化产业是利用市场机制配置资源，强调的是公平的市场竞争环境下对效率的追求；而文化事业是以组织方式配置资源，强调的是效率背景下对公平的基本定义。因此文化产业和文化事业相互促进、相互补充。一方面文化产品和服务作为文化产业的成果，除满足当期消费外，必然会作为文化的积累和积淀，逐渐转化为公共文化产品和服务，成为公益性文化事业和重要组成部分。因此文化产业发展是文化事业繁荣的基础；另一方面，文化事业的繁荣与发展，极大地激发了广大人民群众的创造性，在文学艺术、人文社科、科学技术等原创作品不断涌现，又促进了文化产业的快速发展。因此，文化事业是文化产业发展的源泉。[1]

按照文化体制改革的“时间表”，党的十八大以前基本完成改革任务。从党的十六大到十八大，前后十年时间，文化事业单位就基本完成了分类改革。经过近几年的改革和探索，在出版发行、文艺表演以及电影制作、发行和放映等重点领域，除极少数单位继续保留事业体制外，绝大多数都已作为经营性文化单位转制为企业，在新闻媒体行业，党报、党刊将广告、

[1]　高书生:《关于文化产业发展若干问题的思考》，选自张晓明、胡惠林、章建刚主编:《2011 年中国文化产业发展报告》，中国社会科学文献出版社 2011 年版，第 37 页。

发行、印数等经营性部分剥离出来转制为企业，电台电视台将网络传输、电视剧制作以及广告等经营性活动也剥离出来转制为企业,实行制播分离。文艺院团的分类改革也有了明确的改革思路，保留事业体制的有三类：第一类是代表国家水准、起示范作用的，主要是文化部直属的文艺院团；第二类是体现民族特色、属于民族瑰宝的，如少数京剧、昆剧剧团；还有第三类就是市场发育需要一定过程、属于高雅艺术的，如芭蕾、交响乐、歌剧院团等。

文化产业是改革开放后中国文化建设中的一种全新文化现象。改革开放所带来的思想解放运动为大众文化的生存和发展提供相对独立的空间，市场取向的改革为大众文化的生产、流通和消费提供了必要的渠道。

文化产业作为全新的文化建设、文化发展和文化存在形态，随着社会主义市场经济改革的全面推进作用和地位越来越突出。文化产业与文化事业相互渗透，共同协调发展，文化产业推动文化事业的发展，成为社会主义文化建设的重要动力。2000年10月,中共中央十五届五中全会通过的《中共中央关于“十五”规划的建议》第一次明确使用了“文化产业”的概念，提出要“推动有关文化产业的发展”；2001年3月，这一建议被正式写进九届全国人大四次会议通过的国民经济和社会发展“十五”规划纲要，从而使得文化产业作为中国当代文化建设的重要形态得到了政府的重视。

文化娱乐业不仅丰富了人民群众的文化生活，满足了人们的精神消费需求，为地方经济发展提供了新的就业机会，税源的丰富和税种的增加体现了文化产业巨大的经济潜能。文化产业给中国带来了全新的文化消费方式和文化消费理念，还给中国经济结构的调整和重组提供了新的题材。文化产品形态的变化标志着市场主体的变化和文化消费形态的变化，而这些变化带动了整个文化建设的形态性变化。用文化产业的发展来推动文化事业的发展，日益成为中国社会主义文化建设的重要内容和动力。

二、文化需求和文化消费的迅速增长

十七届六中全会指出，满足人民基本文化需求是社会主义文化建设的基本任务，必须坚持政府主导，加强文化基础设施建设，完善公共文化服务网络，让群众广泛享有免费或优惠的基本公共文化服务。在社会主义市场经济条件下，需求首先表现为消费需求。文化生产的最终动力只能来自于人民群众的文化消费需求，文化生产发展需要依靠文化消费增长来拉动。长期计划经济时期形成的文化事业体制其实是一种“准供给制”方式，仅仅得到“人头费供养”的文化单位无法从事生产活动，譬如不少艺术院团“演出越多亏得越多”。“政府埋单”的送戏下乡，也类似于文化“供给制”，与基层人民群众内生性的文化消费需求没有或缺乏直接的联系。改革开放以来，随着公共文化服务体系的建设，进一步推动和支撑了文化消费市场向多元化方向演进。通过政府购买、企业赞助等方式，广大群众可以支付少量费用甚至免费享受到更多更好的文化服务和文化产品。

我国文化消费近年来呈现飞速增长态势。2000～2009 年，全国城乡文化消费总量从 2704.35 亿元增长至 7521.44 亿元，2009 年为 2007 年的 2.78 倍，总净增长 178.12%，年均增长 12.04%。同期，全国城乡人均文化消费从 214.18 元增长至 564.94 元，2009 年为 2000 年的 2.64 倍，总净增长 163.77%，年均增长 11.38%。[1]特别是 2008 年以来，文化消费越来越活跃，消费需求趋向多元。我国高端文化消费的能力和潜力巨大，已经成为全球文化精品销售的重要市场。艺术品市场持续升温、世界顶级演艺团体和明星频繁到来。与此同时，大众文化消费和个性文化消费也蓬勃发展。看电影已经成为很多人假日休闲的重要方式，推动着我国电影产业票房总数突破百亿元。文化创意街区在各地涌现，街区内的创意小店、小剧场、个性书店等，为年轻一代提供了更加时尚的文化消费选择。在中小城市和广

[1]《全国文化消费需求景气评价总报告》，王亚南主编:《文化蓝皮书·文化消费》，社会科学文献出版社 2011 年版，第 3—4 页。

大农村，则活跃着超过7000家民营剧团，满足不同地域群众的文化需求。适应家庭式文化旅游潮的兴起，文化休闲游、实景演出、主题公园等新的文化消费方式也得到长足发展。在新技术、新观念推动下，便捷式、家庭式的文化消费成为快速扩张的新兴市场。2010年国内数字出版产业总体收入规模达到1051.79亿元，比2009年增长了31.97%。网络音乐总体市场规模达到23亿元，比2009年增长约14.4%。手机出版、网络游戏、电子书等新兴文化消费领域，创造性地满足了人们的文化消费需求。

第二节　中国文化事业发展与公民文化权利的保障

改革开放以来，随着文化发展理念和实践的创新，文化事业的定位和发展方向更清晰，国家相关政策制定更有针对性，财政投入力度不断加大，设施体系逐步完善，公共文化产品日益丰富，公民的文化权力得到保证，文化事业活动有序开展，呈现出蓬勃发展、整体推进的良好势头，为更好地维护国家文化安全提供了坚实的基础和保障。

一、什么是文化事业

区分文化事业和文化产业是基于文化本身的特性而作出的，既不能单一强调文化的政治属性，也不能过分强调文化的经济属性，即文化的发展不能全部交给市场来解决，这是由文化产品的属性决定的。文化产品作为一种社会产品，具有天然的社会属性。文化的存在与发展不仅仅是对个人的、群体的或经济的、政治的意义和作用，更主要是对于整个社会存在的意义和作用；文化活动及其产品不是单一的个体行为或群体行为，也不是纯粹的经济行为或政治行为，它有着广泛的外部性和社会性。[1]因此，在区分文化事业和文化产业之后，我国文化建设的方向是两手齐抓。

[1] 张曾芳、张龙平:《论文化产业及其运作规律》,《中国社会科学》2002年第2期。

1984年，我国对文化事业的界定是指那些为国家创造或改善生产条件，从事为国民经济、人民文化生产、增进社会福利等服务活动，不是以为国家积累资金为直接目标的单位。与文化产业相比，文化事业是以非经济目标为诉求的，可以分为两部分：一是服务于党政或政权宣传的政治宣传型文化事业；一个是服务于社会公众的公益性文化事业。我国文化事业具体分为四类：一是如新华社、《人民日报》、《求是》等杂志、省级党报党刊等承担国家喉舌功能的政治性文化事业；二是作为国粹的京剧、昆剧等民族文化遗产的文化事业单位；三是如公共图书馆、文物馆、博物馆、纪念馆等公益性文化事业；四是面向社区群众的文艺演出、文化展览活动等文化事业。[1]文化事业的资金主要来源于两个渠道：一是来自公益性捐助而形成的公共服务基金；一个是国家或政党的财政支持。总体来看，我国文化事业投资中，民营资本、非国有资本投资比例较低。

文化管理体制是建立在成熟市场经济体系基础上的，包括以市场为中心的管理体制和公共文化服务管理体制。在以市场为中心的管理体制中，国家作为市场体系的服务者制定相关法律法规，保证市场公平竞争，以竞争来获取文化发展的效率。但市场不是万能的，政府和市场同样是文化资源配置的方式，在市场失灵的空间就形成了以非营利性组织为中心的另外一种文化管理体制——公共文化服务管理体制，以保证公民公平享有文化服务，其中政府发挥着关键角色。文化事业的管理模式属于公共文化服务管理体制的范畴，因为与文化产业处理“企业——顾客”关系不同，文化事业主要处理的是“社会——公民”权利关系问题，政府和社会应该承担更多的责任。

我国文化发展一直由政府全额投资提供文化服务，并从中央到地方设立相应的文化管理部门。目前，我国文化事业管理主要由文化部负责，中宣部、新闻出版总署、国家广电总局、信息产业部、国家体育总局等部门，分别管理相关各类内容。自1978年以来，为解决文化事业单位经费困难

[1] 祁述裕：《中国文化产业国际竞争力报告》，社会科学文献出版社2004年版，第120页。

的问题，经财政部批准，以《人民日报》等报刊为代表，我国文化事业开始实行“事业单位、企业化管理”政策，允许开展经营性活动。正是这一变化，改变了我国文化事业的发展轨迹。改革的逻辑起点是提升我国事业的发展效率，引入企业化管理机制。文化事业单位从改革中颇为受益，可以享受事业单位的经济补贴和税务减免，又可以凭借自身经营的特性在市场上获利。

二、公共文化服务体系的初步建立

在国家财政的大力支持下，覆盖城乡的公共文化服务体系初步建立，人民群众的基本文化权益得到有效保障。2010 年底，全国共有公共图书馆 2884 个，文化馆（含群众艺术馆）3264 个，乡镇（街道）文化站 40118 个，基本实现了公共文化服务体系全覆盖；文化信息资源数字资源量达到 108TB，基本实现“村村通”。国家新建了一批大型重点公共文化设施，2010 年，国家博物馆改扩建、国家话剧院剧场等工程相继竣工，国家美术馆、中国非物质文化遗产展示馆、中央歌剧院剧场等工程先后启动，中国歌剧舞剧院剧场、中国东方大剧院选址基本确定。江西艺术中心大剧院、广东省博物馆新馆、广州大剧院等一批地方文化设施相继建成，标志着我国文化建设进入一个历史性的重要发展时期。在基层文化设施建设方面，国家发展和改革委员会在 2002 ~ 2005 年期间投资 4.8 亿元，用于扶持县级文化馆、图书馆设施建设，在“十五”末期，实现了县县有图书馆，文化馆的目标。除文化文物系统外，其他部门的图书馆、展览馆、科技馆、工人文化宫、青少年宫等公共文化机构也有了快速发展，在公共文化服务体系中发挥重要作用，为群众文化活动蓬勃发展和日益丰富提供广阔的舞台。

2011 年 1 月，文化部、财政部下发通知，要求在年底之前，国家级、省级美术馆全部向公众免费开放。早在两年前，除文物建筑及遗址博物馆外，全国各级文化文物部门归口管理的公共博物馆、纪念馆，全国爱国主义教育示范基地，开始实行免费开放。2011年“两会”期间，中央财政主要支出项目安排情况显示，“文化体育与传媒”预算支出374.43亿元，同比增长18.5%，将优先支持涉及农村和基层群众切身利益的文化建设项目，保障博物馆、纪念馆等公益文化设施免费开放。

由于文化事业费投入结构的优化，基层、西部地区、群众文化的服务体系逐渐健全。2010年，中央财政对文化艺术行业的投入共31.26亿元，比2009年增加3.93亿元，增幅为14.38%。2010年，文化部、财政部为加大公共财政资金的引导力度，设立了总额达1亿元的“国家繁荣文化艺术创作专项资金”，并开始实施中国民族音乐发展和扶持工程，大力鼓励和引导艺术创作。全国文物普查和文化遗产保护作为国家文化建设的重点工程，得到了国家财政的大力支持。截至2010年12月，中央和地方财政累计投入文物普查经费12.03亿元。文物保护基础工作进一步加强，博物馆建设成效卓著，文物保护机构逐步健全。2010年底，全国文物机构5207个，比2005年增加了1177个，文物藏品2864万件，比2005年增长了24.3%；初步建立了符合我国国情的非物质文化遗产保护制度，国家、省、市、县四级名录体系初步建立。截止2011年上半年，全国共有国家级非物质遗产名录1028个，国家级代表性传承人1488人。

社会力量的成长支撑国家文化发展模式的多样性。社会力量的参与和介入转变了政府办文化的格局。社会力量的介入和参与使当代中国的文化生产力和文化生产关系发生了重大的历史性转型。国家出台了一系列的税收优惠政策，意在鼓励社会力量参与文化建设，文化事业越来越多的得到社会各界的关注和支持。如荣毅仁基金会捐资1亿元设立“荣毅仁基金会杂技奖”，中国泛海控股集团有限公司捐赠1亿元设立“中国文化艺术奖”，此外，一些热心人士作为文化志愿者参与各种文化服务活动，对公共文化建设产生了广泛的影响。社会力量加入演出市场，成为文化市场上的新兴力量。2010年，文化部举办了首届全国民营艺术院团优秀剧目展演，推动了民营艺术院团的健康发展。社会力量的参与丰富了文化市场。民营博物馆成为重要的文化发展力量。根据国家文物局课题组的统计数据显示，2009 年，我国省、自治区、直辖市（除广西、新疆和西藏除外）民办博物馆已达 386 座。

三、文化事业经费投入的状况

文化事业经费一直处于快速增长状态，2006～2009 年的年增长速度为 25%，2009 年比 2006 年增长了 85%。2009 年全国文化事业费 292.32 亿元，占国家财政总支出的 0.4%，比 2008 年增加了 44.28 亿元，增幅为 17.9%，与 2005 年的 133.82 亿元相比，增幅达 118.44%。“十一五”以来，国家对城市和农村地位文化建设的投入 5 年间的增幅分别达到 110.24% 和 140.98%，均已实现“翻一番”。人均文化事业费从 2005 年的 10.23 元增加到 2009 年的 21.9 元，增幅为 114.08%（见表 4–2）。

表 4–2 “十一五”以来文化事业费总量和增长速度

年份	文化事业费（亿元）	增长速度（%）
2006年	158.03	18.1
2007年	198.96	25.9
2008年	248.04	24.7
2009年	292.32	17.9

不容忽视的现实是文化事业经费在国家总财政支出中的比重没有明显变化，全国文化事业费占国家财政总支出的比重多年来一直徘徊在 0.4% 左右，总量还是偏小，我国财政对文化事业的投入依然不足，且增长缓慢（见表 4–3）。

与潜在需求相比，文化事业费总量明显不足。如 2009 年全国图书馆人均藏书量仅为 0.44 册，远远低于国际图书联合会人均 1.5～2.5 册的标准。全国有 726 个图书馆无购书经费，占全国图书馆总数（2850 个）的 25%。

各级剧团农村演出场次 74.1 万场，平均每村每年看不到半场戏。投入到文化事业中的有限资金，70% 以上用于城市文化建设，被一些地方政府用于建设大型文化设施，有的甚至成为地方政府的形象工程、面子工程。九三学社对南方某省 40 多家剧院进行调查后发现，这些剧院全部采用高耗能、高耗材的建筑形式，文化设施建设投资迅速攀升。欠发达地区也开始加入到攀比风潮中，以致一些大剧院、博物馆、图书馆、文化广场的建筑群建成后无法维持。[1]

表 4–3　全国文化事业费占国家财政总支出的比重

年份	文化事业费（亿元）	国家总财政支出（亿元）	占国家财政比重（%）
2006	158.03	40213.2	0.39
2007	198.96	49565.4	0.40
2008	248.04	62427	0.40
2009	292.32	75874	0.39

1993～2003 年群众性文化事业机构及其从业人数统计中，发现文化事业无论是机构数，还是从业人数基本处于负增长状态，这和此阶段我国经济总体快速增长以及文化产业的高速成长形成鲜明对比。与投入不足相对应的是文化行业高素质综合型人才的不足。根据 2009 年的统计，全国共有各类文化机构 305764 个，从业人员 1984159 个。在全部从业人员中，具有中级职称的 105586 人，占总人数的 5.32%；高级职称的 42485 人，占总人数的 2.14%。由此可见，我国文化系统从业人员学历结构、职称结构偏低，综合型高素质人才不足。

文化部蔡武部长曾指出中国文化发展的现状：与经济增长的惊人速度相比，文化发展的步子还是慢了；与教育、卫生、科技等领域投入的大幅增长相比，文化建设的投入还是少了；与人民群众日益增长的文化需求相比，文化产品和服务的供给能力还是很弱。因此，我国文化事业的发展取

[1] 王晶晶：《30 个城市新建亿元大剧院 委员痛斥文化面子工程》，《中国青年报》2011 年 3 月 10 日。

得了较大成效，但文化行业总体上仍落后于经济社会发展。

四、文化消费潜力仍有待释放

我国人均文化事业费基本上呈现5年翻一番的趋势。各地人均文化事业费差别很大。2009年人均文化事业费最高的地区为上海市，达93.51元，最低的为河北省，仅为9.60元，两者相差近10倍。人均文化事业费较高的省份多为东部和西部地区。如2009年人均文化事业费超过30元的省份有8个。分别是：上海、北京、天津、青海、西藏、浙江、宁夏和内蒙古。

根据国际经验，当人均GDP超过3000美元的时候，文化消费会快速增长；接近或超过5000美元时，文化消费则会出现“井喷”。2008年，我国人均GDP已超过3000美元。按照国际经验估算，我国文化消费支出总量应该在4万亿以上，而实际上只有不到8000亿元。这意味着我国居民文化消费潜力远未得到释放。2000~2009年，城乡文化消费需求增长滞后于全国经济增长和城乡收入，也落后于总消费增长。2000~2009年之间，全国人均产值年均增长14.01%，城乡综合人均收入年增长12.58%，人均总消费年均增长11.84%，人均积蓄年均增长14.85%，人均文化消费年均增长11.38%。其间数值关系比较表明，全国城乡人均文化消费年均增长低于同期人均产值年均增长2.63个百分点，低于同期人均收入年均增长1.20个百分点，低于同期人均总消费年均增长0.47个百分点，特别是低于同期人均积蓄年均增长3.47个百分点。[1]不论是农村居民还是城镇居民，在收入水平偏低的情况下，家庭食品消费支出占消费总支出的比重都比较高。而文化消费的需求弹性较大，特别是在面对国际金融危机、人们预期收入普遍降低的情况下，许多人首先削减的是文化娱乐方面的消费支出。因此，居民收入水平偏低影响文化消费。改革开放以来，我国经

[1]《全国文化消费需求景气评价总报告》，王亚南主编：《文化蓝皮书·文化消费》，社会科学文献出版社2011年版，第8页。

济快速发展，但居民总体收入水平还不高，这是我国文化市场潜在需求不能转化为现实消费的重要原因。

此外，与人民群众日益增长的文化需求相比，文化产品和服务的供给能力还是很弱，文化产品价格虚高也限制了文化消费需求增长。目前，我国文化产品针对高收入群体的较多，面向大量低收入群众的则较少。与高收入者相比，低收入者对文化消费增长的潜在贡献更大。2010 年，北京各类演出总平均票价是 201 元，同比略有降低。但是，大型场馆的票价还是居高不下，平均票价为 772 元，比上年平均票价上升了 21%。据对北京市场的一项随机调查显示，就文化演出而言，能够接受 100 元以下票价的人占到 72%，能够接受 100 元至 400 元票价的人占 24%，选择 400 元以上票价的人只占 4%。

文化消费关乎民生和经济发展。建设中国特色社会主义，必须在满足人民群众日益增长的物质生活需求的同时，致力于满足人民群众日益增长的精神文化需求，这样才能实现社会和谐与人的全面发展。从经济角度来看，大力促进文化消费，是加快发展文化产业的必然选择。加快发展文化产业，既有利于加快推进经济结构战略性调整，又对弘扬社会主义核心价值体系有不可替代的作用。而文化产业的发展，必须靠文化消费拉动。因此，实现文化的发展与繁荣，推动中国文化产业成为国民经济的支柱性产业,首先应当提升全国城乡文化消费成为国民消费的“支柱性需求”。因此，我们要鼓励城乡居民进一步增加文化消费在总消费中的比例；大力发展文化事业，建立健全公共文化服务体系，为人民群众提供更多更好的文化服务；加快发展文化产业，加强文化产业基地和特色文化产业群建设，推动文化产业转型升级，努力为人民群众生产更多更好的文化产品。

第三节　文化产业和中国文化安全

文化产业在 20 世纪 90 年代以来已经成为世界性的朝阳产业，在经济和社会发展中的地位逐渐突显，成为许多国家和地区经济的支柱产业。中国是一个文化资源大国，还远远不是一个文化产业强国，是一个文化产业发展迅速的国家，但远远不是一个具有较强国际竞争力的国家。当文化的有效传播离开文化产业的具体存在就无法实现的时候，文化产业发展的现代化程度和强大程度，就成为一个国家文化安全状况在当代的一个重要指标。[1]文化资源的利用和创意文化产业的发展蕴含着很高的经济价值，不仅如此，文化产业作为现代文化生产和传播的载体，具有物质性创造所不具有的建构文化关系的无形力量，是一个国家维护文化主权和文化安全的必要战略需求和重要战略选择。文化产业安全是国家文化安全的核心组成部分，关乎国家文化竞争力和文化安全保障的能力，而文化产业安全说到底是文化产业的国际竞争力。无论是价值理念、学术话语还是产业形态方面，中国都受到了来自美国文化产业的全面渗透，美国文化以产业形态对中国产生的影响，构成了现实的中国国家文化安全问题。中国的文化创造需要重视产品的质的方面，不断提高人民的物质和精神生活的质量，从而不断提高人的本身的文化素养，进而维护中国的文化安全。

一、我国文化产业的概念和特点

全国政协与文化部所组成的文化产业联合调查组，于 2001 年对国内 2 省 1 直辖市所属 9 个市进行实地考察，在总结各地实践的基础上，对文化产业作出如下界定：文化产业是从事文化产品生产和提供文化服务的经营性行业。文化产业是文化建设的重要组成部分，有关文化产业和文化公益事业两者共同构成了文化建设的内容。文化产业主要包括文化艺术、文化出版、广播影视、文化旅游等 4 个领域。[2]

我国统计局文化产业课题组对文化产业的定义是：从事文化产品的生

[1] 胡惠林：《文化产业发展与国家文化安全》，广东人民出版社 2005 年版，第 117 页。
[2] 王慧炯：《对发展中国文化产业的思考》，《北京工业大学学报》（社科版）2002 年第 2 期，第 1—7 页。

产、流通和提供文化服务的经营性活动的行业总称，其特征是以产业作为手段来发展文化事业，以文化资源来进行生产，向社会提供文化产品和服务，目的是为满足人民群众日益增长的精神文化生活需要。[1]《中国文化产业年度发展报告》将文化产业定义为：由市场化的行为主体实施的，以满足人们的精神文化需求为目的的而提供文化产品或文化服务的大规模商业活动的集合。并按照文化产品或文化服务的特性与文化产业辐射半径相结合的原则将文化产业划为八大类：纸质传媒业、影音传媒业、网络传媒业、广告产业、旅游产业、艺术产业、教育产业和体育产业。[2]

为了科学界定文化产业的概念，建立文化产业指标体系和统计制度，为党中央的文化政策和文化体制改革提供科学的统计数据。2003年7月，由中宣部牵头，成立了国家统计局、文化部、广电总局、新闻出版署、国家文物局等单位参加的“文化产业统计研究课题组”。2004年，由国家统计局正式发文公布的《文化及相关产业分类》中，从统计意义上首次对文化及相关产业概念和范围作了权威性的界定，明确了文化及相关产业是指为社会公众提供文化、娱乐产品和服务活动，以及与这些活动有关联的活动的集合。具体而言，我国文化部《关于支持和促进文化产业发展的若干意见》将演出业、影视业、音像业、文化娱乐业、文化旅游业、网络文化业、图书报刊业、文物和艺术品业以及艺术培训业等九大行业门类纳入文化产业的管理范围。国家统计局在2004年颁布的《文化及相关产业统计分类》中，确定文化及相关产业的范围分为“核心层”、“外围层”和“相关层”。核心层包括新闻、书报刊、音像制品、电子出版物、广播、电视、电影、文艺演出场馆、文艺表演、文物及文化保护、博物馆、图书馆、档案馆、群众文化服务、文化研究、文化社团，其他文化等；外围层包括互联网、旅行社服务、旅游景点文化服务、室内娱乐、游乐园、休闲健身娱乐、网吧、文化中介代理、文化产品租赁和拍卖、广告和会展服务等；相

[1] 蔡尚伟等：《文化产业导论》，复旦大学出版社2006年版，第5页。
[2] 叶朗主编：《中国文化产业年度发展报告2003》，湖南人民出版社2003年版，第28—31页。

关层包括文具、照相器材、乐器、玩具、游艺器材、纸张、胶片胶卷、磁带、光盘、印刷设备、广播电视设备、电影设备、家用视听设备、工艺品的生产和销售等。[1]

二、入世以来中国的文化产业政策

文化产业整体推进是在 2001 年中国入世之后，文化产业开始纳入国民经济和社会发展战略的重要组成部分,并逐渐成为国民经济的支柱之一。中国文化产业开始融入世界市场，中国民营文化企业和国有文化企业集团开始与国外文化产业同台竞争，提高文化竞争力问题浮出水面。国家开始强调调整文化产业格局和文化产业政策，完善文化市场，培育具有国际竞争力的文化企业，提升我国文化产业的整体实力。

2002 年 11 月党的十六大是文化产业政策变化的里程碑，报告提出了中国关于“全面建设小康社会，大力发展社会主义文化”的政策，在许多方面取得了重大突破。十六大报告首次明确提出要大力发展文化产业，把对文化事业的扶持和对文化产业的经营明确区分开来。从最高决策层面对文化产业这个战略产业显示了强有力的支持，这是党密切关注文化建设实践，结合我国社会主义市场经济体制的建立和加入世界贸易组织的背景做出的科学部署。从 2003 年初开始文化体制改革试点调研，目前中央确定的改革试点行业遍及新闻媒体、出版单位、图书馆、博物馆、文化馆、文艺院团、影视制作企业、印刷、发行、放映公司等等。试点工作对文化单位进行公益性事业和经营性产业的分类。2003 年 10 月，党的十六届三中全会通过的《中共中央关于完善社会主义市场经济体制若干问题的决定》中为文化体制改革指名了方向，即在文化体制改革中落实完善社会主义市场经济体制的一系列新方针、政策和措施，为我国文化产业的下一步全面发展开辟了更为广阔的前景。2003 年 12 月底出台了《文化体制改革中支

[1] 陆杨主编:《文化研究概论》，复旦大学出版社 2008 年版，第 274 页。

持文化产业发展的规定》,开启了国内文化企业体制改革,特别是国有传媒、出版单位的改革试点工作在随后的几年中如火如荼地开展。

2004 年，文化体制改革试点工作继续深入，新闻出版、广播电影电视、演艺等领域的事业单位转制为企业，国有文化企业进行股份制改造，投融资体制改革开始进行，并在演艺、电影制作等领域显示出推动产业实质性跨越式发展的作用。以新闻出版业、广播电影电视为例，除党报党刊及重要出版社仍为事业单位外，社会文化类报刊和绝大多数出版社转为企业，并吸纳社会资金参股，分销流通环节的新华书店加快完成股份制改造。广播电影电视领域文化体制改革也按照“政企分开、政事分开、事企分开、产权明晰、责任明确”的原则进行，实现转企、股份化、上市“三个转变”。每一项改革和措施的出台都对文化产业领域产生了重大影响，形成了优胜劣汰的竞争格局，有力地解放了文化生产力。2004 年和 2005 年初，国家统计局先后发表了《文化及相关产业分类》和《文化及相关产业分类指标体系》两个政策性文件，两个文件的颁布标志着我国文化产业政策的建设与发展被纳入整个国家的产业政策系统，文化产业政策进入一个新的阶段。

“十七大”报告中专门一章论述“推动社会主义文化大发展大繁荣”的问题。报告指出要“建设社会主义核心价值体系，增强社会主义意识形态的吸引力和凝聚力”，“要积极发展新闻出版、广播电视、文学艺术事业，坚持正确导向，弘扬社会正气”，“弘扬中华文化，建设中华民族共有精神家园”,“推进文化创新,增强文化发展活力”。在谈到文化产业发展问题时，报告指出:“在时代的高点上推动文化内容形式、体制机制、传播手段创新，解放和发展文化生产力，是繁荣文化的必由之路。要坚持为人民服务、为社会主义服务的方向和百花齐放、百家争鸣的方针，创作更多反映人民主体地位和现实生活、群众喜闻乐见的优秀精神文化产品。深化文化体制改革，完善扶持公益性文化事业、发展文化产业、鼓励文化创新的政策，营造有利于出精品、出人才、出效益的环境。大力发展文化产业，繁荣文化市场，增强国际竞争力。运用高新技术创新文化生产方式，培育新的文化业态，加快构建传输快捷、覆盖广泛的文化传播体系。”[1]2009 年 9 月，《文化产业振兴规划》发布，高屋建瓴地提出中国文化产业的发展目标和振兴措施，将发展文化产业上升到国家战略的高度。继而国家对新闻出版、电影行业的繁荣发展提出重要的指导方针和具体的政策保障，将宏观支持细化到具体行业内部。2010 年 4 月中央九部委联合制定了《关于金融支持文化产业振兴和发展繁荣的指导意见》，明确指出要加大文化产业的有效信贷投放，扩大文化企业的直接融资规模等措施。不久，中央提出“十二五”时期要推动文化产业成为国民经济的支柱产业。

2011 年 10 月召开的十七届六中全会通过了《中共中央关于深化文化体制改革，推动社会主义文化大发展大繁荣若干重大问题的决定》，提出加快发展文化产业，推动文化产业成为国民经济支柱性产业。发展文化产业是社会主义市场经济条件下满足人民多样化精神文化需求的重要途径。必须坚持社会主义先进文化前进方向，坚持把社会效益放在首位、社会效益和经济效益相统一，按照全面协调可持续的要求，推动文化产业跨越式发展，使之成为新的经济增长点、经济结构战略性调整的重要支点、转变经济发展方式的重要着力点，为推动科学发展提供重要支撑。提出构建现代文化产业体系；形成公有制为主体、多种所有制共同发展的文化产业格局；推进文化科技创新；扩大文化消费四项措施。[2]2012 年 2 月《国家“十二五”时期文化改革发展规划纲要》中进一步明确了文化产业发展的四项措施。政府的一系列政策和措施的出台，为发展文化产业提供了良好的政策环境，鼓励文化企业的发展壮大，规范和繁荣文化市场，深化文化体制改革。

[1] 胡锦涛在中国共产党第十七次全国代表大会上的报告（http://news.xinhuanet.com/newscenter/2007-10/24/content_6938568_6.htm）。

[2]《中共中央关于深化文化体制改革推动社会主义文化大发展大繁荣若干重大问题的决定》（http://news.xinhuanet.com/politics/2011-10/25/c_122197737_7.htm）。

三、我国文化产业发展的成就

新世纪的第一个十年，中国的文化产业见证了不平凡的发展历程。这十年是党和国家对文化产业不断进行新思考、新定位和新部署的十年，对文化产业的认识逐渐由学界、理论界上升到国家发展规划的重要理念。近年来，我国文化产业年平均增长速度一直保持在 15% 以上，成为拉动宏观经济的新引擎。2009 年，我国文化产业国内外市场规模达到 8000 亿元，文化产业增加值占同期 GDP 的 2.5%。

十七届六中全会之后，由于政策的推动、时代的需求和文化产业发展的特性，文化产业进入快速发展的战略机遇期。国际经验表明，人均国内生产总值达到 3000 美元的时候，人们的精神需求和消费必然快速增长。现在我国国内人均国内生产总值已达到 3700 美元，人们的文化需求和消费进入一个空前旺盛的时期，文化产业的发展空间必将更广阔。中国综合国力的增强需要与经济实力相适应的文化影响力，国际社会对中国文化也越来越关注，文化产业是中国文化“走出去”的战略先锋，也是国际社会易于接触和领悟中国文化的直接方式。可以说没有中国文化产业的崛起和国际化，就没有中国文化在世界的影响力和渗透力。因此，文化产业的发展是时代的需求，是历史的需求。

（一）文化产业的发展势头强劲

随着我国城镇居民人均可支配收入的提高，文化消费出现增长态势。我国文化产业的增长态势较好，在 2004 年和 2008 年的全国经济普查的数据中显示，这两年文化产业增加值分别为 3439 亿元和 7166 亿元，其年均增长速度在 20% 左右。在“十一五”时期，中国文化产业年平均增长速度在 15% 以上，比同期国内生产总值增速高 6 个百分点，保持了快速增长的势头。2009 年，中国文化产业增加值是 8400 亿美元，2010 年预计达到 9000 亿元左右。按照倍增计划，到 2015 年，文化产业增加值将达到 1.8

万亿元。[1] 据文化部部长蔡武介绍，目前中国文化产业增加值占 GDP 的比重约为 2.6%，上海、北京、广东、湖南、云南 5 个省市的比例已超过 5%，他估计到"十二五"末期，文化产业增加值将占到中国 GDP 总值的 5% 左右，成为中国的支柱型产业。[2]

文化产业的巨大潜能和旺盛的发展势头已经成为带动第三产业乃至整个国民经济发展的主导产业之一，成为推动一些地区经济和社会发展的主要增长点。以新闻出版企业为例，产业规模不断壮大。2010 年，全国出版、印刷和发行服务业实现总产出 12698.1 亿元，较 2009 年增长 19.0%；实现增加值 3503.4 亿元，增长 13.0%，占同期国内生产总值（GDP）的 0.9%；营业收入 12375.2 亿元，增长 19.7%；利润总额 1075.9 亿元，增长 20.4%。2010 年，全国共有新闻出版单位 35.4 万家，直接就业人数为 461.4 万人。[3]

中国电影票房 2002 年还不足 10 亿元，到 2010 年站上 100 亿台阶，用了 8 年时间。2011 年末，中国电影年票房正在向 130 亿元大关冲刺。更振奋人心的是，中国城市影院银幕总数已从年初的 6200 多块，发展到 9000 余块。这意味着，在 2012 年，只要保持一定的增长数量，中国将迈入"万块银幕时代"。银幕数的大幅增加，不仅意味着电影票房和整个电影产业的增长获得了极大空间，也意味着人均观影的成本或将下降。

（二）以政府为主导的多元文化产业格局逐渐形成

2003 年 6 月，国务院召开了全国文化体制改革试点工作会议，紧接着出台了《中共中央宣传部、文化部、国家广电总局、新闻出版总署关于文化体制改革试点意见》，随后，各主管部门制定出台了系列支持文化市场和文化产业发展的政策。2003 年 9 月，国家新闻出版总署出台了新的《出版物市场管理规定》，首次规定具备一定资格的民营企业可以申请出版物

[1] 陈少峰、朱嘉：《文化企业上市报告》，选自叶朗主编：《2011 中国文化产业年度发展报告》，北京大学出版社 2011 年版，第 357 页。

[2] 唐贵江：《蔡武谈文化产业："十二五末成国家支柱产业》，中新社 2011 年 3 月 9 日讯（http://www.chinanews.com/cul/2011/03-08/2892275.shtml）。

[3] 新闻出版总署：《2010 年新闻出版产业分析报告》（http://www.gapp.gov.cn/cms/html/ 21/2914/201107/726930.html）。

国内总发行权、批发权，民营书店获得了和国营新华书店地位平等、公平竞争的权利。2003 年，国家广电总局颁布了《电影制片、发行、放映经营资格准入暂行规定》20 号令，这标志着电影制作、发行、放映环节向民营资本、社会资本开放，鼓励境内国有、非国有资本（不含外资）与现有国有电影制片单位合作、合资或单独成立制片公司。不久，中国又放宽中外合拍电影的条件，允许在中方控股 51% 的条件下，外资与境内民营电影公司成立合资公司。2005 年 7 月，国务院颁布了新修订的《营业性演出管理条例》，进一步开放演出市场，允许外方与中方合资，合作经营演出经纪机构及演出场所等等。2005 年 8 月，国务院颁布了《关于非公有资本进入文化产业的若干决定》。国家密集出台了鼓励文化产业发展的一系列政策，主要内容之一就是重点出台旨在鼓励非公有资本参与文化产业发展的产业准入政策。

计划经济体制下形成的以国家为单一投资主体、以行政手段来配置资源的文化投融资体制已经基本解体。旅游、信息、咨询、教育培训、体育、会展等文化产业相关门类，以及广播影视、报刊等行业的投资门槛都已逐步对民营资本放开，并且在加入 WTO 的承诺逐步兑现的形势下，这些领域对国际资本的开放脚步也在不断加快。与此同时，一批文化类上市公司则开辟了文化产业融资的新渠道，通过资本市场获得了产业发展所需的资金，自 1994 年上海东方明珠股份有限公司上市至今，已经有 50 多家涉及文化产业的上市公司，其中以文化产业为主业或将文化产业作为公司未来发展战略重点的就有 15 家。文化企业经营和投资主体的多元化主要体现于民营资本和国际资本投资文化产业逐渐增多的现象。

近年来，越来越多的民营企业介入了文化产业的发展，并且凭借自身优势在文化产业市场中表现活跃。2010 年，民营企业在全国 13.1 万家新闻出版企业中所占比重由 2009 年的 72.0% 提高到 76.1%。在印刷复制企业中，民营企业总产出、增加值、营业收入和利润总额中所占比重超过 4/5。在出版物发行企业，民营企业总产出、增加值、营业收入和利润总额中所占比重超过 2/3。[1] 在电影行业，民营资本进入院线领域最早起于 2002 年，2005 年万达电影院线正式运行，是更多民营资本关注和投资文化电影产业，中国电影市场进一步开放的重要标志。万达是亚洲银幕数排名第一的电影院线，截止 2010 年底，万达电影院线拥有旗下影城超过 70 家，银幕超过 600 块；2010 年票房收入超过 14 亿元，稳居中国第一的市场份额，占整体市场份额的 14%。2010 年 12 月，万达院线荣获第 18 届亚太电影博览会（CineAsia）“年度放映商”大奖，这是中国内地电影放映商第一次获得这一备受推崇的国际大奖。万达院线计划到 2012 年开业 120 家影城，拥有银幕 1100 块，年总收入 35 亿元，占有全国 20% 以上的市场份额，成为排名全球前列的电影院线。万达院线是中国电影产业改革结出的硕果。[2] 在上市融资方面，华谊兄弟比较活跃，《狄仁杰之通天帝国》1.3 亿的投资和《非诚勿扰 2》5000 万投资均由华谊兄弟一家独揽，总投资 1.2 亿的《唐山大地震》中也有 5400 万由华谊兄弟投资。

在演出产业方面，民营乐团表现十分活跃。2005 年，文化部、财政部、人事部、国家税务总局联合下发了《关于鼓励发展民营文艺表演团体的意见》，这是新中国成立以来第一部专门为鼓励民营文艺表演团体发展出台的文件，具有里程碑意义。近年来，我国众多民营艺术表演团体按照文件精神，以灵活多样的办团方式、特色鲜明的地方风格、充满生机的营销机制、不畏艰苦的创业精神等优势，创作演出了大量内容生动、形式活泼、群众喜闻乐见的剧目，与国有院团互为补充，共同成为构建社会主义和谐社会的重要力量，获得了良好的社会效益和经济效益。2010 年，在全国 6864 个艺术表演团体中，非文化部门的艺术表演团体有 4267 个，涵盖了戏剧、曲艺、歌舞、杂技、魔术、马戏、木偶、皮影等众多艺术门类，占到全国艺术表演团体总数的 62.2%。[3]

[1] 新闻出版总署：《2010 年新闻出版产业分析报告》（http://www.gapp.gov.cn/cms/html/ 21/2914/201107/726930.html）。

[2] 《万达电影院线股份有限公司介绍》（http://ent.sina.com.cn/m/c/2011-03-31/12203269372.shtml）。

[3] 计财司：《近几年来全国艺术表演团体发展情况分析》（http://www.ccnt.gov.cn/sjzznew2011/cws/whtj_cws/201111/t20111128_153319.html）。

国务院出台的《文化产业振兴计划》中，鼓励外资进入政策允许的文化产业领域。随着中国政府对文化产业政策的日益宽松，在国际金融危机背景下，国际资本通过并购，进入监管相对宽松的境内新兴文化产业。国际资本的进入成为当前中国文化产业资本重组的新动向之一。韩国移动通讯企业 S K 电讯 2008 年宣布收购中国本土唱片公司北京太合麦田 42.2% 的股份，国际资本首次进入中国娱乐产业。同年，汤姆森路透收购和讯网 40% 的股权，成为和讯网第二大股东，澳洲电讯先后收购皓辰传媒、泡泡网及一家手机内容服务的提供商，表现出境外资本对中国新兴文化产业的浓厚兴趣。世界最大的体育娱乐管理企业之一美国安舒茨集团、NBA 中国等 3 家企业共同出资，购买了拥有 1.8 万个观众席位的上海世博演艺中心的首期经营权，同时，NBA 中国又吸引了李嘉诚基金会、迪斯尼旗下的 ESPN 公司等企业联手出资 3 亿多美元,购买了其中 11% 的股份。第六届中国（深圳）国际文化博览交易会上，针对美国、加拿大等 65 个国家和地区的上万名采购商，主办方首次专门设立“海外采购洽谈展区”，为中国文化产业项目与海外资本的对接拉近了距离。2011 年 9 月 29 日，亚马逊“中国书店”启动。“中国书店”是亚马逊网站上有史以来第一个以“国家”命名的主题书店。

（三）新兴文化产业发展迅速

新兴文化产业是与传统文化产业相对的，包括改革开放以来发展起来的网络游戏事业、手机内容产业、广告、会展等。中国的动漫产业迎来了快速增长期。由扶持动漫产业发展部际联席会议办公室主办，中国文化传媒集团负责承建的国家动漫产业信息服务平台——国家动漫产业网于 2010 年 8 月 26 日正式上线投入运行。文化部公布了 2010 年第一批通过认定的重点动漫产品名单，35 部作品中，动画 22 部，漫画 4 部，手机动漫 5 部，网络动漫 2 部，漫画期刊、动漫软件各 1 种。根据《动漫企业认定管理方法（试行）》的有关规定，重点动漫产品将优先享受国家及地方各项财政资金、信贷等方面的扶持政策。2010 年，中国动漫市场规模达到 208 亿美元，较 2009 年增长 22.4%；动画衍生品市场规模在 2012 年预计达 220 亿元。[1]

文化产业发展的一个显著特点就是与高新技术日益融合，特别是与信息产业相互关联，目前，数字信息化技术产业已经成为国民经济发展中令人瞩目的增长点。随着近年来原创网游作品不断走出国门，国产网游海外销售收入也从 2007 年的 5500 万美元增长到了 2010 年的 2.3 亿美元，业内预测，2011 年全年，中国网游海外收入极有可能突破 4 亿美元，并在去年的基础上实现倍增。在优异的成绩面前，也应当看到，中国网游出口仍有很大提升空间。以韩国为例，其 2010 年游戏产业海外出口额超过 16 亿美元，占文化产业整体收入的 25%。而去年中国网络游戏海外收入仅占整体收入的不到 5%。与网络游戏同为文化产业内分支行业的影视剧，2010 年海外销售总额已经超过 35 亿元人民币，领先于网络游戏。可见，我国网络游戏海外市场拓展远未到成熟期，[2] 信息技术产业发展为大批相关的新兴产业群的生长提供了新的技术基础。

（四）文化产业“走出去”战略取得重大进展

“走出去”是中国加入 WTO 后出于国家发展的整体利益、全球经济和文化发展的考虑而迅速调整自己文化发展战略的重要内容。入世后，中国的文化产业面临着严重的文化贸易逆差和文化市场的不平等竞争的国际文化环境之中，文化产业“走出去”不仅是经济发展战略，也是文化发展战略。文化部《文化产业发展第十个五年计划纲要》中就提出了鼓励文化产业面向国际市场，充分利用两个市场、两种资源发展外向型文化产业，出口优秀的、具有民族特色的文化艺术产品。2003 年在《文化部关于支持和促进文化产业发展的若干意见》中，明确提出了实施“走出去”的发展战略。2005 年，文化部制定了《国家文化产品出口示范基地认定管理办法（暂行）》。同年中宣部、文化部、国家广电总局、新闻出版总署、商

[1]《我国动画产业市场规模今年预计达 208 亿元》，《北京晚报》2010 年 10 月 15 日。

[2]《对外文化贸易进入战略机遇期 网游等增长迅速》，2011 年 12 月 27 日，中国文化传媒网（http://www.ccdy.cn/chanyeshichang/content/2011-12/27/content_1039091.htm）。

务部和海关总署联合下发了《关于加强文化产品进口管理的办法》。《国家十一五时期文化发展规划纲要》规定了培育外向型骨干文化企业和实施“走出去”重大工程项目的具体政策。

近年来，宣传文化系统有关部门积极实施文化产品和服务“走出去”战略，取得了有效成果。首先，广播影视产品的出口的规模扩大。中央电视台第4和第9频道通过与境外媒体的合作，进入美、英、法等100多个国家和地区。一些国有、民营企业节目制作公司每年也生产制作部分影视剧并销往海外。其次，我国积极开展境外及港澳台地区的商演、商展市场。20世纪80年代以来，我国的杂技、武术、京剧、民乐、交响乐、地方戏剧、木偶、文物展览、工艺品展览等纷纷通过商业渠道走向国际文化市场，市场遍及世界各大洲，主要集中在美国、加拿大、德国、法国、日本、韩国、澳大利亚及港澳台地区。第三，出版物的对外贸易有了新进展，积极开展版权贸易，版权贸易结构逐年改善，出版物实物出口总量逐年增加。出版物的出口渠道不断多元化，从最初的国有单位独家经营，过渡到现在的民营、外资企业一起参与。驻外新闻出版机构的数量不断增加，在发行领域已经在北美、欧洲、亚洲一些国家设立了多个中文书店或图书进口分支机构，已成为我国出版行业“走出去”的桥头堡。出版社的输出品种既有汉语学习、中医药、中华历史、传统文化等传统优势领域，也有先进的科技前沿图书，例如《量子保密通信》、《仿生智能纳米界面材料》等。还有一些反映现实中国的图书，包括不少社会科学和文学书籍都输出到了欧美发达国家，而且很多在当地市场的销售已经达到数千册，有的则已过万册。譬如反映我国改革开放30年巨大变革的《激荡30年》，反映当代农村的长篇小说《古船》等。这些图书的成功输出表明，越来越多的中国图书正逐渐被国外人士所认可，体现出我国文化软实力和国际传播力的增强。相关数据表明，我国输出版权的图书质量越来越高，内容越来越多元，输出的国家和地区也是在国际政治文化版图上越来越重要的国家和地区，这些都体现出我国出版体制改革取得的成绩。中国文化积淀深厚，文化资源丰富，是对外文化交流取之不竭用之不尽的宝库和源泉。在中华文化走出去的过程中，出版业扮演着重要角色，并已经取得了一定的成绩。统计数据显示，我国版权贸易逆差逐渐缩小。2005 年，版权输出引进比例为 1:7.2，2010 年则是 1:2.9。[1] 2011 年 1 月 25 日，在美国纽约肯尼迪机场维珍书店，上海新闻出版发展公司与法国拉加代尔公司联合举办的“阅读中国”外文版中国图书全球春节联合展销活动开幕，这是中国外文版图书第一次在全球主流书店举行大型联展活动。

针对国际文化市场蕴涵的巨大商机，近年来一批中国文化企业纷纷进军海外市场，向全球输出具有中国特色的文化产品和文化服务，并从中取得了不错的收益。中国对外演出公司是中国文化走出去的“国家队”之一，公司近年来已向全球近 80 个国家和地区派出团组 680 多起，演出 39000 多场，现场观众超过 7500 万人次，其中商演的比例超过 60%。总部位于上海的盛大游戏近年来持续加大海外市场的拓展力度。2011 年第三季度，公司海外业务收入达到 7210 万元人民币，同比增长 49.3%。目前海外游戏收入只占公司收入的 5%，公司目标是未来 3 年内使海外游戏收入占总收入的 20%，公司接下来将致力于建立多个全球运营中心，面向不同的区域和语言提供服务。[2]

在积极布局文化产品走出去的同时，还有部分文化企业通过海外投资，参与国际资本竞争。最近两年内，华人文化产业投资基金投资控股了国际传媒大亨默多克旗下新闻集团原本全资拥有的星空卫视四大业务，并且正在将《中国达人秀》等代表当代中国文化的优秀综艺节目输出海外；中国民营企业俏佳人传媒收购美国的国际卫视电视台；深圳华强文化科技赴伊朗投资建设主题公园；将功夫剧《少林武魂》带进美国百老汇剧场的中国文化企业——上海国际文化影视集团出资收购了美国田纳西州的两家剧院，拟将更多中国剧目推向美国。近两年间国内文化企业大胆走到境外上

[1] 王化冰：《出版业输出引进这十年》，《人民日报》，2011 年 9 月 6 日。
[2] 《2012 文化市场展望与猜想》，《中国财经报》，2012 年 1 月 4 日。

市。虽然金融危机导致国际新股发行市场陷入低谷，我国仍有A 8电媒音乐控股有限公司、中视金桥国际传媒控股有限公司、广而告之合众国际广告有限公司、畅游有限公司、盛大游戏有限公司及中国房产信息集团等6家中国文化企业先后登陆国际资本市场，总共募资5.4亿港元及14.29亿美元。其中，盛大游戏募集资金超过10亿美元，创下2009年美国IPO市场年度新高，也是中国网游企业上市规模之最。境外上市的文化企业涉及网络、广告等不同行业，但全部是民营文化企业，上市地点集中在美国与香港。

我国文化和文化产业的发展，未来仍依靠进一步的改革开放，甚至可以说，进一步改革开放的程度决定着中国建设文化强国的目标能否实现。因此，在经济全球化的背景下，关起门来建设文化强国不可想象。我国没有世界级的文化企业，就绝不会有世界级的文化影响力。中国世界级的文化企业诞生之日，也就是我国文化影响力遍及全球之时。但是这必须要有全球眼光和“让中国成为世界的舞台、让世界成为中国的舞台”的战略视野和胸怀。

四、文化产业发展中的不足与问题

目前中国文化产业的发展依旧存在着不足和很多问题，文化产业基础薄弱，文化产业总量不够大，水平不够高，对国民经济贡献份额依然偏少；文化产业市场化水平偏低，产业集中度和集约化的程度都不高；兼具文化创意和管理才能的人才短缺；缺乏专项发展规划，产业配套政策不完善，投融资支持体系明显滞后；文化产业的国际化水平不高，国际竞争力不足，文化贸易逆差依然很大，文化传播力和影响力有待进一步提高。国内文化产品和服务的供需矛盾和国际文化市场竞争力不高是中国文化产业发展中的突出问题。随着我国经济的快速发展，人民群众精神文化需求呈现快速增长态势，特别是随着文化程度的提高和闲暇时间的增多，人民群众对文化产品和服务的需求增加，需求方式也更多样化。文化产品和服务的“有效供给”与人民群众快速增长的精神文化生活需求还有一定差距。由于文化市场的开放度还比较低，法律和法规建设相对滞后，部分管理制度不健全，最终导致了有效供给不足，真正能够与消费对路的文化产品尤其缺乏，而潜在的需求得不到开发，同时有效的需求也得不到满足。[1]

中国已经跨入文化产品生产大国的行列，2010年我国出版业生产了50多万种产品，拥有超过500亿份的报纸发行量，日报的总发行量、图书出版的品种和总印刷数都居世界第一，电子出版物的总量居世界第二。但中国文化产品的内容创新依然不足，中国仍不是文化创造和文化输出大国。在国际文化产业市场，中国文化产业发展势头强劲，但仍然处于弱势地位，美欧等西方国家在文化产业、文化制品和文化市场上依然占据优势地位。2010年全国共引进出版物版权16602种，其中图书13724种，录音制品439种，录像制品356种，电子出版物49种，软件304种，电影284种，电视节目1446种；2010年全国共输出出版物版权5691种，其中图书3880种，录音制品36种，录像制品8种，电子出版物187种，电视节目1561种，其他19种。[2]尤其是图书出版行业，虽然实现了较快增长，在国际市场上呈现良好的发展态势，但不足以说明中国图书已经成功叩开国际大门，我国出版进出口贸易一直呈逆差状态，产生较大国际影响的中国图书数量比较少，2010年全国共引进图书版权13724种，输出图书版权3880种，版权输出引进之比为1：2.8。联合国教科文组织每年评选公布影响世界的100本书、100种报纸、100条新闻和100首歌中，我国生产的作品基本难以入围。高端翻译人才短缺、版权经纪人才难求等问题制约着中国图书走出国门。

我国从事文化产品生产和服务的企业数量众多，发展速度快，但质量不高，规模较小。文化产业上市企业是行业竞争力的体现，上市公司的多寡、

[1] 王洋、宁坤：《国内外文化产业业态比较》，《中国商贸》2010年第10期。
[2]《2010年全国新闻出版业基本情况》（http://www.gapp.gov.cn/cms/html/21/1392/ 201109/723330.html）。

市值的大小、市盈率的高低等是体现文化产业发展状况的客观指标。截至2010年5月，文化产业全行业的上市企业共51家，主要以图书出版、报刊广告以及影视制作等企业为主。[1]

第一家全产业链整体上市的出版传媒股——中南传媒、首家出版物发行企业——皖新传媒、影视第一股——华谊兄弟、出版传媒第一股——辽宁出版传媒等文化上市企业构成中国文化产业的中坚力量。总体而言，上市文化企业总体规模较小，约占上市公司总数的10‰，约占上市公司总额的6‰，这被业内人士认为与文化产业发展状态不相匹配。而美国日本资本市场中这一数据一般都达到20%～30%。[2]

2000年1月，时代华纳公司同美国在线合并，截至到2010年，该公司有32000名员工，2010年销售总额为268亿美元。日本最大的媒体集团——富士产经通信集团，成立于1963年，由将近100家与大众传媒有关的公司组成，参与电视、报纸、印刷、出版业、音像制品等多个领域，旗下的员工超过1万人，1991年时，年收入就达到50亿美元。这些国家凭借在文化出口上的优势和在WTO中的特殊地位，把自己的思想文化、价值观、社会政治理念、意识形态和生活方式等输入给其他国家，进行文化渗透，不仅可以带来丰厚的高额利润，还可以达到使用其他手段无法达到的政治目的。相对于庞大的全球文化市场，中国文化产业的海外市场容量还极为有限。未来发展还需要我们制定出更有针对性的国际化战略，以应对全球时代的文化产业竞争。

中国文化产业发展速度快，产业集约化和规模化水平不断提高，随着产业积聚效应的初步显现，对文化产业政策、宏观管理和规划提出了更高的要求。管理政企不分、政出多门、交叉管理、多头管理的问题还比较明显，运行机制僵化，管理体制缺乏活力。只有行政主管部门、行业管理部门、文化产业单位的关系完全理顺，才能把中国的文化资源优势变为产业

[1] 李木子:《文化传媒企业上市路径搜寻》,《证券日报》2010年5月18日。
[2] 方家喜:《近百家文化企业集体冲刺IPO》,《经济参考报》2010年8月17日。

优势，发挥中国文化产业的潜能。“十二五”期间，宏观经济环境有利于文化产业的发展，但不应该仅仅是文化产业量的放大，而是要有质的提升，要开辟新思路、寻找新空间、新路径、激发新的动力，实现文化产业成为国民经济的支柱性产业这一宏伟目标。这需要我们有新的认识：一是重新认识文化在当代发展观中的核心地位；二是重新认识文化体制改革的目标模式，真正确立市场在文化资源配置中的基础性地位，切实保护人民群众依法兴办文化企业和从事文化创造、生产和销售等权利；三是重新认识文化市场主体，形成多元合力共同驱动的文化发展格局；四是重新认识国家文化安全，积极开拓对外文化贸易。[1]

第四节　中国的对外文化交往与文化安全

新中国成立后，特别是改革开放以来，在党和国家的高度重视下，我国对外文化交往始终坚持为社会主义建设和对外开放战略服务的指导思想，在改善我国改革开放和现代化建设的外部环境方面发挥着不可替代的重要作用。

我国的对外文化交往中，政府一直发挥着重要的作用，基金会、学术团体、宗教机构、商业机构等民间组织的角色一直有限。在某种程度上可以认为中外文化交往是中国文化外交的一部分，是以文化表现形式为载体或手段，在特定时期、针对特定对象开展的国家或国际间公关活动，目的就是促进国家间、人民间相互理解与信任，促进中国的价值观念和生活方式被他国公众和舆论理解、认同、支持和赞赏，构建和提升本国良好的国际形象，从而能够对他国的对外政策施加影响。

中华文化源远流长，博大精深，绵延数千年而不断。中华民族在长期的生产生活实践中创造了辉煌灿烂的中华文化，形成了优秀的文化传统和

[1] 张晓明、胡惠林、章建刚主编：《2011 年中国文化产业发展报告》，社会科学文献出版社 2011 年版，第 4—11 页。

文化资源。在中国历史上，利用丰富的文化资源进行对外文化交往的历史久远。从西汉时张骞、班超出西域，开辟了陆路的“丝绸之路”，到繁荣于唐宋时期的海上“丝绸之路”，直至郑和七下西洋，从近代的黄遵宪从事中日文化交流到 1930 年梅兰芳的赴美京剧演出，中国历代正式的对外交流史几乎从未中断过。

新中国成立后，以毛泽东、周恩来等老一辈无产阶级革命家为核心的第一代领导集体就十分重视文化交流的重要作用。周恩来总理在讲话中多次指出开展对外文化交流的重要性。1954 年周恩来总理在第一届全国人民代表大会第一次会议上作政府工作报告，谈到中国和平外交政策时说：“我们要求一个和平的环境，一个和平的世界。因此，我们要巩固和发展同苏联及人民民主国家的团结合作关系，扩大同世界各国的经济和文化联系。”1956 年 4 月 5 日，周恩来总理在第二次驻外使节会议上作报告，谈到外交工作时指出：“我们的外交包含政治、经济、文化三个方面，而且往往是经济、文化打先锋，然后外交跟上来……外交的做法也要变，要打破旧的格调，各驻外使馆应重视贸易和文化工作。”讲话明确了文化和经济、政治一起作为构成中国外交的主要内容，同时也指出要根据形势加强对外文化交流的必要性。在文化大革命的十年中，中国的文化外交工作受到了严重的干扰。但是，在周恩来总理的关心下，文化交流并没有中断。随着 1971 年联合国恢复中国的合法地位，与中国建交的国家成倍地增长，各种交流团体包括艺术团的互访也逐步增加。据统计，从 1971 年到 1976 年，中国先后接待了近 30 起外国艺术团和艺术家，派出 40 起艺术表演艺术团组，近 3000 人次，访问了 50 多个国家。其中发生在 1972 年的“乒乓外交”堪称中国文化外交的经典。

一、改革开放以来中国对文化交往的理念

1978 年 12 月，党的十一届三中全会在北京召开，大会做出把工作重

点转移到社会主义现代化建设上来的战略决策，并富有远见地提出了改革开放的基本国策,确立了以邓小平同志为核心的党的第二代中央领导集体。邓小平曾指出，中国“愿意在和平共处五项原则的基础上，同世界上一切国家建立、发展外交关系和经济文化关系”。发展文化关系就是通过开展对外文化交流，广泛吸收世界各国各民族一切对我国人民和社会主义建设有益的东西，为我国与各国人民的繁荣、幸福与进步服务，为维护世界和平服务。

在冷战时期，我国主要开展对发展中国家的文化交往。从 1980 年到 1990 年，在中国与外国签订的 79 个文化合作协定中，与发展中国家签订了 71 个，占总数的 89%。在签订的 220 个年度文化交流执行计划中，与发展中国家签订了 159 个，占总数的 67%。邓小平也十分关注同西方发达国家之间的文化往来。邓小平指出：“对于现代西方的资产阶级文化，我们究竟应当采取什么样的态度呢？我们要向资本主义发达国家学习先进的科学、技术、管理经验方法以及其他一切对于我们有益的知识和文化，闭关自守、固步自封是愚蠢的”。1979 年 8 月 28 日，邓小平与美国副总统沃尔特·弗雷德里克·蒙代尔共同签署了中美 1980 年和 1981 年文化交流执行计划，并指出两国在文化和科技领域的合作交流，有助于进一步促进中美两国人民之间的友谊。

冷战结束后，和平与发展虽然已经成为时代主题，但是国际社会仍不太平。

1989 年后，西方的主要资本主义国家一方面对中国实行经济、外交上的封锁，同时在舆论上大肆污蔑中国形象，中国的对外开放受到了严重影响。特别自 20 世纪 90 年代中期以来，“中国威胁论”在国际社会甚嚣尘上，西方某些国家出于某种目的妖魔化和污蔑中国的事件屡见不鲜。以文化为桥梁，让世界了解中国，在国际舞台上树立改革开放之中国的良好形象，是实行文化交流的宗旨之一。

1997 年 9 月，在党的十五大会议上，江泽民总书记在阐述中国文化建设时明确指出："我国文化的发展，不能离开人类文明的共同成果。要坚持以我为主、为我所用的原则，开展多种形式的对外文化交流，博采各国文化之长，向世界展示中国文化建设的成就。" 1999 年 2 月 27 日，江泽民在全国对外宣传工作会议上发表重要讲话指出："在新的形势下，对外宣传工作的地位和作用更加重要。我们应该站在更高的起点上，分析形势，审时度势，把外宣工作做得更好，我们要在国际上形成同我国的地位和声望相称的强大宣传舆论力量，更好地为改革开放和现代化建设服务，为促进国家统一，世界和平和人类进步做出更大的贡献。" 以文化交流的形式宣传我国改革开放和社会主义现代化建设的巨大成就，在国际舞台上树立当代中国的伟大形象，从而为对外开放创造一个良好的国际形象是这一时期文化外交的主要任务。

截至1998年底，我国派出政府文化代表团和文化官员代表团230余起，接待来自世界各国的政府文化代表团和文化官员代表团 400 余起。与我国签订文化合作协定的国家达 138 个；在政府文化合作协定基础上，我国与外国签订的文化交流执行计划 407 个。

进入 21 世纪以后，经济全球化深入发展，科学技术日新月异，以互联网为标志的信息化浪潮席卷全球，文化与经济、政治相互交融，与科技的结合也日益紧密，文化因素在国家总体战略对外关系中的重要作用日益凸显，世界各国纷纷把发展本国文化提高到国家战略的高度上，扩大本国文化的对外传播，运用文化外交来影响世界。

在新的国际形式下，以胡锦涛为总书记的新一届中央领导集体高度重视文化外交在国家整体外交中的重要作用，深入开展对外宣传和对外文化交流。

文化部前部长孙家正对 "文化外交" 做了进一步阐述：文化外交的实质是与世界各国人民之间心灵的沟通和情感的交流，在沟通、了解的基础上达到理解与尊重。我们通过文化外交的途径和方式，通过深入人心和争取人心，为维护世界和平与促进共同发展，为全面建设小康社会争取和平良好的国际环境和周边环境，发挥经济、政治外交所难以替代的作用。文化外交已经成为我国继经济、政治外交之后的第三大支柱。

2005 年 9 月，在联合国成立 60 周年首脑会议上，胡锦涛主席发表题为《努力建设持久和平、共同繁荣的和谐世界》的讲话，提出构建“和谐世界”的新理念。这是中国第一次在代表世界最高权威的讲坛上，以国家最高领导人的名义，向全世界推广从中国传统文化和当代内政中演绎出来的政治、社会和文化理念，充分体现了中国传统文化中“和而不同”思想的精髓，显示出中国和平外交思想的历史文化内涵。2006 年 8 月，胡锦涛主席在中央外事工作会议上再次强调：在推动建设和谐世界，是我们坚持走和平发展道路的必然要求，也是我们实现和平发展的重要条件……要致力于促进不同文明加强交流、增进了解、相互促进，倡导世界多样性，推动人类文明发展进步。

二、中国文化对外交往的成就

随着中国改革开放的深入发展，中国的文化外交的领域不断扩大，内容不断丰富，取得了累累硕果。近年来，我国文化“走出去”取得了很大成绩，对外文化贸易发展较快，中外文化合作方兴未艾，一些文化企业在海外落户。

从中央到地方、从政府到民间，对外文化交流与合作的范围更加广阔。据不完全统计，我国已同 145 个国家签订了政府间文化合作协定和年度文化交流执行计划，与上千个国际文化组织保持着密切的合作关系。各地也已与 120 个国家建立了 1500 对友好省州和友好城市关系，与 148 个国家的 458 个民间团体和组织建立友好合作关系。此外，我国在海外已建成 9 个文化中心，并与 11 个国家签署了建立文化中心的协定、备忘录或声明。中国文化“走出去”规模更大、质量更高、影响更广。我国近年来的对外文化交流项目年均总数与人次均超过改革开放前 30 年的总和。以“文化年”、“国家年”、“交流年”为题的各类大型国际文化活动，有力地配合了国家整体外交工作。“欢乐春节”、“相约北京”、“非洲文化聚焦”、“亚洲艺术节”、“上海国际艺术节”、“中国成都国际非物质文化遗产节”等国际性文化节庆、赛事和展会品牌不断涌现，成为广泛传播中华文化的重要载体。我国在驻 80 个国家领事馆设有 95 个文化处、组，在法国、韩国、埃及等多个国家建有中国文化中心。短短几年间，又在 100 多个国家共开设了 300 多个孔子学院和 400 多个孔子课堂。中法文化年、中俄文化年、伦敦中国文化年、纽约中国文化游、“感知中国”等活动把中国文化带到国外民众中间，产生了积极反响。

文化“走出去”正成为我国文化产业发展的助推器，是提升国家形象和软实力的有效途径。

“中国年”和“孔子学院”是本世纪以来中国开展文化外交的标志性活动。近几年来,中国在俄国、日本等国家举办各种形式的“文化年”活动。通过文化节或文化年的举办，充分挖掘了中华文化资源的潜力，展示了中华文化的世界性意义，增强了中国文化的国际认同感和号召力，为国家的和平发展塑造出一个更好的国际文化环境与国际政治环境。随着中国经济的飞速发展和对外文化交流的扩大，在世界范围内兴起的“中国热”日渐升温。突出表现在“汉语热”和“中国文化热”两个方面。因此，以传授汉语和推广中国文化为己任的孔子学院相继在世界各地建立起来。各国孔子学院的建立，秉承了孔子“和为贵”、“和而不同”的理念，以推动中外文化的交流与融合为己任，从而建设一个持久和平、共同繁荣的和谐世界。

中国文化“走出去”也不断尝试创新。理论创新方面，文化部密切配合和服务国内现代化建设和全国外交工作的“两个大局”，将对外文化工作与“人文外交”、“公共外交”的时代新命题相衔接，大力开展对外文化交流与合作。在机制创新方面，启动了由国务院领导的“对外文化工作部际联席会议”机制，以文化部为牵头单位，整合了文化、教育、商务、广电、新闻、出版、体育、旅游等诸多领域的资源和力量，共同推动中华文化“走出去”。还建立了全国地方文化厅局外事工作座谈会机制和驻外使领馆文化处（组）及文化中心负责人年会机制，以及文化部推动直属文化机构“走出去”的工作机制，有效加强了中央各部门、中央与地方、国内与国外的协调、合作。

第五章　中国和平发展和文化安全的战略选择

中国的和平发展不仅体现在经济领域，文化的复兴和繁荣是中国和平发展的历史使命，崛起的中国应从战略视野来思考文化安全，要在文化发展和文化交往中实现文化安全。2011 年十七届六中全会指出：当今世界正处在大发展大变革大调整时期，世界多极化、经济全球化深入发展，科学技术日新月异，各种思想文化交流交融交锋更加频繁，文化在综合国力竞争中的地位和作用更加凸显，维护国家文化安全任务更加艰巨，增强国家文化软实力、中华文化国际影响力要求更加紧迫。一个民族失去了其自身的民族文化传统，不可能使自己的思想文化走在世界其他民族的前面，中国也不会真正的崛起。

第一节　中国和平发展与文化安全战略

中国的和平发展，中华民族的伟大复兴是中国在21世纪最为重大的历史任务。这一政治理想的实现必须充分调动与合理运用国家的全部战略资源、力量和手段，包括政治、经济和军事，也包括文化力量及由此产生的广泛的国际影响和世界认同。文化因素不仅直接关乎中国安全利益的整体维护，而且还直接作用于国家综合国力的增长和国家利益的海外拓展，关系着一个崛起的中国在多大程度上能够为国际社会所接受和认可，文化安全战略是和平发展的应有命题。

一、中国的和平发展战略

国家实现崛起的过程就是由相对落后状态转为繁荣富强的发展历程，是对地区力量格局或世界力量格局、国际秩序和国际机制产生重大影响的过程。从世界历史的经验很容易得出一个结论：一国崛起往往会带来国家冲突和战争。近代欧洲列强之间的战争，一战、二战乃至冷战都是大国武力崛起所导致的。多数学者认为，一般情况下，新兴大国会冲击现有国际体系，与已经处于领导地位的大国利益产生冲突，因而会对整个国际社会的稳定产生消极乃至破坏性的影响。“当中国不断增加权力时，中国的邻国和美国谁也不会袖手旁观，而会采取行动遏制它，很可能组建一个均势联盟的方式达到此目的。结果是中国与对手进行激烈的安全竞争，大国战争的危险常常环绕在它们头上。简单地说，当中国的权力增长后，美国与中国势必成为对手”。[1]

在中国改革开放和现代化建设取得举世瞩目的成就后，为了消除国际对中国发展的不利舆论，中国提出了和平崛起战略。2003年11月，中央党

[1]［美］约翰·米尔斯海默著，王义桅、唐小松译:《大国政治的悲剧》，上海人民出版社2003年版，第4页。

校常务副校长郑必坚在博鳌亚洲论坛提出了“中国和平崛起新道路”这一概念。2003 年 12 月 9 日，温家宝总理在访美讲演中提出：中国的崛起是和平的崛起，是依靠自己的力量来发展自己，2003 年 12 月，胡锦涛主席在纪念毛泽东诞辰 110 周年座谈会的讲话中指出：坚持中国特色社会主义道路，就是坚持走和平崛起的发展道路。所谓和平崛起就是指在现有国际体系中，一国采取和平而不是冲突或者战争的手段来实现国家的目标。中国和平崛起理念的提出,引起世界广泛关注和议论。2005 年 12 月国务院新闻办发表《中国的和平发展道路》白皮书，坚持和平发展道路成为国家的发展战略。

无论是中国的和平崛起还是和平发展战略，都是中华民族的复兴，包含相互关联的两个方面的内涵，作为一种国家战略目标，我们的目的是在 21 世纪最终实现中华民族的伟大复兴这一世纪梦想；[1] 二是中国发展的方式只能走而且必然会走和平的道路，这不仅仅是因为外部因素，即当今全球相互依赖的增强要求我们选择和平的方式，更为重要的是内因，即中国的战略文化传统和过去的外交实践内在的规定了中国强盛只能通过和平的道路来实现。无论国际社会如何评判中国的和平发展，中国的发展已是客观的事实。“十一五”时期是我国发展史上极不平凡的 5 年，也是我国改革开放和社会主义现代化建设取得新的重大成就的 5 年。2005 ~ 2010 年，我国国内生产总值从 18 万亿元增加到近 40 万亿元，人均国内生产总值从 1700 美元增加到 4000 美元，国家财政收入从 3 万亿元增加到 8 万亿元，出口额和外汇储备跃居世界第一位；载人航天、探月工程、超级计算机等尖端科技领域实现重大跨越,综合国力大幅提升。20 世纪 90 年代中期以来，我国的经济总量先后超过加拿大（1995 年）、意大利（2000 年）、法国（2005 年）、英国（2006 年）和德国（2007 年）。2004 年和 2010 年，我国的军费开支和 GDP 分别超过日本，成为世界第二军费大国和第二大经济体。中国在 2010 年 GDP 排名中超过日本，位居世界第二，美国是 14.58 万亿

[1] 郑必坚：《我赞成从事实出发而不是从概念出发——在“中国的和平崛起与亚洲的新角色”国际圆桌会议上的总结发言》，《中国战略观察》2005 年第 6 期，第 4 页。

美元，中国是5.88万亿美元，日本是5.50万亿美元，德国是3.31万亿美元。2010年4月，世界银行春季会议通过改革方案，中国的投票权将由2.77%提高至4.42%，成为仅次于美国、日本的世行第三大股东国。依据2011年3月生效的IMF2008年的投票改革方案，中国在IMF的特别提款权份额占3.72%，投票权占3.55%，位居第六位。预计将于2012年正式生效的2010年改革方案中，中国的投票权将跃居第三位，中国持有份额从3.72%升至6.39%，投票权从3.66%升至6.07%，成为居美、日之后拥有第三大表决权的国家。中国与美国之间的经济差距也在迅速缩小。中国领导人自2003年起连续7次参加八国集团与主要发展中国家的“南北领导人非正式对话会议”，2008年起参加二十国集团峰会关于全球经济和金融事务的讨论。这表明中国继1971年恢复在联合国的合法席位，从政治上成为大国俱乐部的一员后，又从经济上跻身于世界事务的核心决策圈。

二、中国和平发展的文化使命

一国的发展包括经济实力、军事实力和文化实力，其中，国家的经济实力是大国发展的基础，军事实力是大国发展的坚强后盾，文化实力是在经济和军事实力前提下国家组织行动的整合能力。“文化力量为国家的政治、经济、军事力量增添分量。”[1]国家不仅仅是一个权力体和经济体，还是一个文化体。所有大国的发展都不只是经济物质层面的发展，更根本的是文化精神层面的发展。国家的经济增长一般看作国家发展的主要标志，而对文化影响力关注的远远不够。然而，国家的发展在最终意义上都是文化发展，只有文化上的繁荣和复兴，并对世界其他国家乃至整个世界的文化发展具有影响力、吸引力和贡献力，才能获得世界的尊重。

从国家战略角度看，中国作为大国的崛起，不仅应体现为经济上的强大，更应体现为具有五千年历史的文明大国在理念上的建构。中国和平发

[1]［美］傅立民:《论实力——治国方略与外交艺术》，清华大学出版社2004年版，第13页。

展，不能没有中华文化的伟大复兴，中国和平发展的一个重要标志，就是中国文化对于世界的影响力和辐射力的全面复兴。[1]中国和平发展的重要标志是文化发展，既然中国选择了和平发展，就选择了文化的道路，这一道路选择本身是中国文化的历史“内生规定”，不是外在的。[2]胡锦涛总书记 2006 年 4 月 21 日在耶鲁大学的演讲中强调：中华文明历来注重亲仁善邻，讲求和睦相处；历来爱好和平，在对外关系中始终秉承“强不执弱”、“富不辱贫”的精神，主张“协和万邦”。中国人提倡“海纳百川，有容乃大”。今天，中国高举和平、发展、合作的旗帜，奉行独立自主的和平外交政策，坚定不移地走和平发展道路，既通过维护世界和平来发展自己，又通过自身的发展来促进世界和平。美国学者也指出，中国要实现和平发展，就不能没有中华文化的伟大复兴。[3]“文化强国”是中国和平发展的目标，这是关系到中国能不能以强国身份跻身于世界民族之林的关键所在。

中国发展的和平道路是中华民族文化内在规定性所决定的，文化因素也有利于加深国际社会对中国和平发展道路的理解。文化是一种无形的软实力因素，可以通过影响和改变对方的观念和价值取向来获取对方对自己的理解和认同，相比政治和军事手段而言，文化的作用更为持久，可供选择的手段也更为灵活。走文化立国之路，是中国文化对国家发展之路的内在规定，也是中国文化对世界发展的重要贡献。随着中国的发展，世界会重新认识中华文化的价值，从文化角度去阐述中国的发展道路也更容易被别人所接受和认同。

三、传播中华文化是中国和平发展的战略需求

一般来说，维护文化安全有一些必须要做的事情，例如发展自己的文化实力和竞争力；开展文化外交和文化交流；大力发展文化产业等等。实

[1] 胡惠林：《中国国家文化安全论》，上海人民出版社 2011 年版，第 264 页。
[2] 艺衡：《文化主权与国家文化软实力》，社会科学文献出版社 2009 年版，前言第 4 页。
[3] ［美］兹比格涅夫·布热津斯基：《大失控与大混乱》，中国社会科学出版社 1995 年版，第 100 页。

行什么样的文化安全战略，取决于国家追求什么样的安全利益。从维护文化安全利益的行为看，可以分成内向的行为和外向的行为。一般来说，内向的行为是对现状的维护，属于防卫性的，适用于大多数中小国家；外向性行为主要是对现状的改变，适用于文化强国和大国。

19世纪末，第二次科技革命之后的美国已经实现了经济的崛起。“二战”后美国成为主导国际局势的超级大国。美国在崛起的过程中，区别于强国之处就在于采用商业和文化扩张的模式。美国把意识形态渗透到国家利益的界定之中。美国学者认为，20世纪初，美国已经形成了三个外交事务有关的核心思想或意识形态，它们开始对外交政策产生强大的影响：美国未来将积极寻求国家的伟大性和寻求自由、种族等级观念和对革命的一种复杂、矛盾的态度。[1]美国通过兴办教育、传播美国文化等方式树立良好的国家形象。以美国对华文化交流为例，美国政府充分发挥了民间非政府力量的作用。19世纪末，中国各地都有美国传教士的身影。从1886~1918年，仅美国“学生志愿者国外传道会”就向中国派出2500名传教士，占其派往海外传教士总数的近1/3。[2]美国传教士把大量的西方科学著作译成中文，并在中国办报纸和杂志，向中国人介绍外部世界。例如传教士丁韪良翻译了《万国公法》，马克思及其关于资本的学说也是经由传教士林乐知创办的报纸《万国公报》第一次介绍到中国来的。20世纪初，美国决定退回庚子赔款，用于中美教育交流等事项。美国国务院的官员就曾指出一个在美国接受教育的中国人回国以后往往非常推崇美国和美国的商品。无论是崛起中的美国、还是维持主导地位的美国都很重视文化的对外传播，重视“隐形霸权”的建立。

对于崛起的中国而言，文化安全不仅仅是防御性的概念，不能只是被动反应，在文化领域筑起壁垒，文化安全的核心应是全球化形势下民族国家文化竞争力的问题，既保护民族文化多样性，还需要有充分多渠道的文化交

[1]［美］迈克尔·亨特:《意识形态与美国外交政策》，世界知识出版社1999年版，第20页。
[2] 熊志勇:《美国崛起过程中的对外策略——以近代美国在华活动为例》，《美国研究》2006年第2期。

往，也就是说要在文化发展和交往中维护国家的文化安全，文化发展和维护文化安全是国家的一项战略议程。如果说20世纪是美国的世纪，有人把21世纪看作是太平洋的世纪，而中国的崛起是21世纪的最大变革。中国是一个大国，在实现和平发展的历史过程中，不应仅仅出于防御性和内向性来思考文化安全，这种局面与中国日益增长的国家实力和世界地位是不相称的，也无助于建立中国负责任的大国形象。中国也要适时建立和拓展中国的文化疆域，中国文化应当而且完全有能力走向世界，在让世界尊重中国悠久的历史和文化的同时，也尊重并认同当今中国文化发展的态度。

第二节　和平发展背景下中国文化安全环境评析

我国处于改革开放深化时期、国际体系转型时期，在全球化和信息化时代中，思想文化交流交融更广泛，西方文化冲击更强烈，我国的文化安全的环境复杂而多变，面临挑战和机遇。

一、文化国力的现状评估

经济领域的成就并不代表文化软实力和国际影响力的提升，客观评估我国文化安全的发展现状是制定文化安全战略的基础。文化常被认为有三种形态，精神心理方面的文化形态（文化传统、民族精神和国民凝聚力等）、制度层面的文化形态（政治文化、意识形态和价值观念等）、器物层面的文化形态（教育水平、报刊书籍、科技创新等）。这三种形态代表中国的文化国力，中国的经济发展和融入世界的过程在不同程度上、以不同方式影响着文化国力。

中国有悠久的历史文化传统，也拥有较强的国民凝聚力和旺盛的民族精神。改革开放30多年，随着经济社会的发展进步，我国民族素质显著提高。这是不容置疑的事实。但也必须清醒地看到，由于我国改革开放和现代化建设的广度、深度和前进的速度前所未有，就整个国家和民族来说，我们的素质准备是远远不够的，存在某种滞后甚至严重滞后的现象。中国文化传统中还有很多不适应现代社会发展的因素，还需要根据当前社会发展需要重构中国传统文化的内涵。在东西文化的对话过程中，中国文化在某种程度上还缺乏文化“自主性”，如何在与世界文化的接触中保持自己的民族文化个性，同时又适应时代的发展需要一直是中国文化发展危机的集中体现。这在相当程度上制约着中国民族凝聚力的发展，影响着中国文化软实力的提升。[1]

马克思主义为核心的社会主义文化体系是我国制度层面的文化形态，它在动员全国人民参与社会主义改造和社会主义建设方面起了最为积极的作用。即便在东欧剧变之后，中国仍然保持了马克思主义的主流意识形态的地位，并据此较为成功地推动了中国文化的繁荣和经济的发展。在2008年全球金融危机中，中国的经济增长速度仍不减，更体现了中国特色社会主义制度本身的制度优越性，中国发展模式的根基就是中国依然坚持马克思主义在意识形态中的主导地位。但我们也必须承认，在经济全球化以及文化的世俗化和商业化这一大的历史背景下，马克思主义意识形态面临着各种思潮和网络技术的挑战。尤其是在信息时代，网络技术为马克思主义的发展提供了新的手段，也带来了挑战。网络技术让长期生活在不同文化中的人们用同样方式去思考，将他们的思想纳入同样的模式中，而这种模式更多的是美国模式，因为互联网的语言、技术都来自于美国，网络信息跨越国界自由流动，突破了党和政府对媒体的控制范围，成为西方文化的倾销之所，使马克思主义信仰度下降。传统媒体时代，党和政府只需运用简单的行政手段，就能确立信息中心。而互联网上没有真正的权力中心，各种思想的碰撞异常激烈，导致网络文化的无政府。网上的信息难以追查其真实来源和核实其可靠程度，碎片化的网络信息容易为各种不法

[1] 陈乐民：《从中国文化的“自主性”谈起》，载费孝通、[法]德里达等：《中国文化与全球化》，江苏教育出版社2003年版，第100—113页。

分子和敌对势力所利用。宽松的网络环境在促进思想更加活跃的同时，也方便了一些杂音、噪音的制造和传播。当前，网络民族主义、网络爱国主义仍占据重要地位，与此同时，各种非马克思主义或反马克思主义思潮也兴盛于网络。各种反华势力以西方自由民主思想传播对立情绪。大量政治谣言通过民族分裂组织的网站进入境内。马克思主义意识形态面临着与中国传统价值观念和政治哲学整合的需求，以更好的在信息多样化，传播途径多元化的信息时代具有广泛的传播力，发挥社会成员行为的社会规范的约束作用。

从器物层面的文化形态而言，中国政府一直大力发展文化教育事业，在科技、教育和文化等领域明显地缩小了同外部世界的差距，也极大地推动了中国文化的繁荣与进步。一国人均受教育年限是一国教育发展的重要指标之一。自 1949 年以来，特别是改革开发以来，我国人均受教育年限不断提升,《国家中长期教育改革和发展规划纲要（2010 ~ 2020）》提出在 2020 年要实现更高水平的普及教育。基本普及学前教育；巩固提高九年义务教育水平；普及高中阶段教育，毛入学率达到 90%；高等教育大众化水平进一步提高，毛入学率达到 40%；扫除青壮年文盲。新增劳动力平均受教育年限从 12.4 年提高到 13.5 年；主要劳动年龄人口平均受教育年限从 9.5 年提高到 11.2 年，其中受过高等教育的比例达到 20%，具有高等教育文化程度的人数比 2009 年翻一番。[1]

这不断增长的数据说明我国教育事业取得了前所未有的发展。但是，与世界有些国家相比，中国文化器物形态的发展仍有差距。经济的发展并不自然带动教育水平的提升，据联合国计划开发署分析，中国在过去 30 年中是世界经济最快的国家,中国的人均 GDP 以每年 8% 的惊人速度增长，相比于人均 GDP 增速在 3% 的小国突尼斯，1970 年突尼斯的儿童入学率仅为 52%，但现在却达到了 78%，显著高于中国的 68%，这得益于突尼

[1] 国家中长期教育改革和发展规划纲要（2010–2020）（http://www.gov.cn/jrzg/2010–07/29/content_1667143.htm）。

斯在 1991 年 10 年义务教育获得立法之后，教育成为主要的政策焦点，使突尼斯的入学率持续上升。[1] 在科技论文数量方面中国的进步是显而易见的，但质量却有待提高。美国皇家学会的研究报告指出，1993 年到 2008 年期间，美国的科技论文发表量尽管仍遥遥领先于其他国家，但所占份额从 26% 下降到 21%，英国的份额也从 7.1% 下降到 6.5%；而中国科技论文发表量的增长最引人瞩目，所占的份额从 4.4% 跃升为 10.2%。中国已经赶超英国，成为发表科技论文的第二大国。该学会预计，全球科技论文产出的格局在 2011 年后还将出现“重大”变化。中国有望在 2020 年以前超越美国，而这最早可能在 2013 年实现。此外，巴西、印度、韩国等国的论文发表数量也可能在未来十年赶超法国和日本。英国皇家学会的报告在评估发表论文质量时以一篇文章被多少研究刊物引用为依据。根据这一标准，排在第一位的是美国，第二位的是英国，中国被引用的论文份额从零增长到 4%，排在世界 108 位。[2]

二、中国文化影响力的现状评估

概括地讲，中国是一个有着悠久历史文化传统的文化资源大国，但中国目前仍然不是文化强国。中国文化的发展现状制约着中国的国际影响力，也影响着中国文化的安全环境，而这正是文化安全的危机所在。中国文化是在全球化、信息化加速发展的国际大背景下进行的，这是思考中国文化安全环境的基本出发点。全球化不仅深刻影响着国家间的政治互动和经济关系，而且也日益影响着人们的思想观念、生活方式和社会理念。文化的各种形态和组成要素早已冲破民族国家的边界，广泛地渗透到各个领域，加速了不同文化间的对话或相互碰撞，日益明显地改造着国际文化格局和

[1] NNDP: Human Development Report 2010: The Real Wealth of Nations（http://hdr.undp.org/en/media/HDR_2010_EN_Complete_reprint.pdf）.

[2] The Royal Society, Knowledge, Networks and Nations: Global Scientific Collaboration in the 21st Century, March 2011.

文化秩序。在这一背景下，西方强势文化以其先进的传播手段正在有力冲击着众多发展中国家乃至欧洲国家的文化生存与文化发展，这是中国要长期面临的国际文化安全环境，也构成了中国文化安全的两个主要威胁来源：一是全球化在文化领域的扩散及其给发展中国家的文化主权带来的巨大挑战，这是全球化背景下南北关系在文化领域的反映；二是美国对华文化政策及其给中国文化的生存与发展带来的威胁，这是中美关系在文化领域的现实写照。[1]

西方强势文化对中国文化安全环境的影响，最为集中地表现为美国对华文化政策的实施及其后果上。自新中国成立以来，对华实施和平演变，通过文化问题干涉中国内政，进而通过文化影响并改变中国的社会主义政治制度，一直是美国政府对华文化政策的目标和重要内容。尤其是在冷战之后，中国作为仅存的社会主义大国被美国视为“潜在对手”，因此在政治文化上影响中国的政治制度和意识形态选择成为美国的重大对外战略，也造就了冷战后中国文化安全环境的最大变量，进而影响中国文化发展的战略走向。中国实现和平发展的过程中，以美国为首的西方国家控制了当今世界几乎所有软力量资源的主导权，如自由、民主、人权等价值观念。不仅如此，它们还以此为手段不断攻击中国的民主和人权状况，用美国的软实力资源衡量中国的文化发展，试图阻碍中国国际形象的构建。因此，如何实现中国文化的现代化，如何建立一个良性的文化发展的外部环境，维护和增进我国的文化安全和文化利益是一项中国和平发展背景下的国家战略。

第三节　马克思主义意识形态的坚持与创新战略

中国文化安全的核心内容是旗帜鲜明地坚持马克思主义主流意识形态及其如何实现马克思主义意识形态的创新。20世纪的中国，马克思主义

[1] 罗建波：《“软实力”与中国和平崛起的对外文化战略选择》，康绍邦、宫力主编《中国与世界：实力、角色及国际战略》，九州出版社2007年版，第104页。

脱颖而出，成为中国共产党的指导思想，并最终成为中国社会的主流意识形态，对整个社会和文化起到一种教育和规范作用，并对保持政治稳定和社会发展起到巨大的积极作用，这是中国历史的选择，也是现实的需要。在改革开放和发展社会主义市场经济的新时期，马克思主流意识形态面临着许多新问题，经受着许多新考验。我国正处于经济社会结构深刻变动、利益格局深刻调整、思想观念深刻变化的新形势，社会生活方式多样化和社会成员价值取向多元化对主流意识形态形成了挑战，各种社会思潮泛滥也导致人们思想乃至行为上的混乱现象。这种混乱可能会影响甚至延缓国家经济和社会的发展。社会主义意识形态必须体现出足够的影响力和凝聚力，以积极的姿态和灵活的方式应对各种挑战。意识形态必须有反观现实的能力和反映时代发展的要求，这就要求我们通过改革和创新，只有同时植根于历史传统和现实实践中的意识形态的创新，重塑主流意识形态的形象，增强文化亲和力、感召力和竞争力，才能为我国社会主义文化安全发挥指导作用，才能成为凝聚中华民族共同奋斗的伟大力量。

一、坚持马克思主义意识形态的主导地位

实际上，每个时代和社会都需要一种能为社会绝大多数成员普遍认同的意识形态和价值观，并以此作为人们行动的导向，去协调他们的行为，推动社会稳步发展。主流意识形态必须理直气壮地坚持和维护自身的主导地位。应当清醒地看到，我国意识形态的斗争是长期的、复杂的，甚至是非常尖锐的。在当今世界各种思想文化相互激荡的形势下，在错综复杂的意识形态领域斗争中，在西方思想文化、价值观念和生活方式的影响和挑战面前，西方敌对势力对我国施行西化、分化的战略图谋没有改变，在可预见的未来也不会改变，各种反马克思主义思潮的影响不会减弱，西方国家对社会主义中国意识形态渗透内容和手段都出现了许多新特点。因此，我们更要旗帜鲜明、理直气壮地坚持和强化主流意识形态的主导地位，既

要破除对马克思主义的错误认识和教条式的理解，又要抵制各种否定马克思主义的错误观点，才能巩固党执政的思想基础和政治基础，才能促进社会的稳定，保证经济的发展、文化的繁荣和人民生活水平的提高。

国内社会价值多元化也要求我们始终坚持马克思主义指导思想不动摇。思想领域的多元化根源于社会经济成分的多元化和外部各种思潮的影响。由于我国多种经济形式并存，多元化的价值观念存在也是必然的。由于市场经济所蕴涵负面因素容易引发自由主义、利己主义、享乐主义等思想的泛滥，因而在多元的价值观念面前必须坚持马克思主义一元化的指导思想，以此来整合多样化的社会思想。从我国意识形态现状来看，随着我国经济全球化和信息化的发展，国家之间的交往频繁，国别界限和意识形态的界限也变得日益模糊。一些人淡漠了意识形态观念，鉴于此，我们必须加强马克思主义理论的宣传和教育，巩固和加强马克思主义在意识形态领域的指导地位。

社会主义的中国在意识形态的发展方向上是坚定而明确的，即坚持马克思主义在意识形态领域的指导地位。结合中国特色社会主义建设的实际推进理论创新，增强马克思主义理论解释世界、描述蓝图、把握发展前景的能力。我们一定要清醒地认识到，以抽象的道德标准消解具体政治标准来评判历史，用西方资产阶级哲学包装的马克思主义，或者把马克思主义的只言片语的论述当做时髦辞藻的方向，都是不可取，也是没有历史基础的。因此，要加强党对意识形态的领导，确保主流意识形态在指导思想上的一元性，通过对思想观念、制度选择、价值取向和行为方式等的规范引导，保证正确的发展方向，获得良好的社会效益。

在信息化时代，我们还要注意坚持马克思主义意识形态在网络中的主导地位。健全与完善马克思主义在网络意识形态领域的指导机制，构建马克思主义网络指导体系，由政府牵头进行全局性筹划，从中央、省、市到县建立网络状的意识形态工作网站，依靠社会力量建立有效的舆论疏导机制。通过建立政府网络发言人制度，进行网络对话和整体引导。建立多样的红色文化抵御机制，尤其要培养网络接班人，对大学生及其他青年知识分子注重日常教育、心理教育、道德人格教育，以理服人。

二、在实践中保持马克思主义意识形态的活力

马克思主义来源于实践，并把实践作为自身哲学的基石。中国社会主义意识形态发展的基础和动力是社会主义现代化建设的伟大实践。马克思主义不是束之高阁的理论，而是与实践相结合的理论，在实践中，被群众所接受、所认同的语言和表达方式是马克思主义的生命力所在。大众化取向是社会主义意识形态调整和改进的一个基本路径。在实践中、生活中，意识形态容易获得群众的认知和认同。革命战争期间，马克思主义得到迅速传播，就是得益于当时的理论宣传工作者贴近群众的理解能力，通俗地宣传和介绍马克思主义理论。改革开放以后，中国特色社会主义建设道路得民心、顺民意，其理论成果也成为群众耳熟能详的生动语言。这种语言体系真正植根在人民群众的实践中，演变为群众对党和政府认同和信任的思想和心理基础。

中国社会主义主流意识形态要贴近生活，从生活实践中吸取营养。因此，主流意识形态应把丰富多彩、波澜壮阔、日新月异的生活实践当成取之不尽、用之不竭的源泉。实践证明，理论只要同生活保持着密切联系，只要关注和回答现实问题，倾听和解决人民群众的心声与需求，它就变得鲜活，变得生机勃勃，就会被广大人民群众所理解和接受，就会显示出强大的威力。很难想象，一种脱离实际、脱离生活、脱离群众的意识形态会是先进的意识形态，是具有生命力的意识形态。强化马克思主义的渗透与反渗透功能，使其理论创作与意识形态宣传由运动化转向生活化。

国家意识形态的传播模式也要大众化，适当地调整已有的文化形象和叙述方式，选择更容易被人们欢迎的方式。公式化、概念化、粗糙化、说教式往往不受人们欢迎，不被人们接受。因此，我们要善于正面地、真实

地、亲切地、有效地表达自己。在宣传主流意识形态时可以多些人文关怀，尽量吸取民间话语，保持一些平民风格。摈弃过去那种墨守成规的思维定势、居高临下的说教口吻、生硬呆板的叙述方式，增强亲和力和渗透力，使主流意识形态理论、观念真正为人民群众所接受并内化为处世规则和行为习惯，从而切实增强主流意识形态的吸引力和影响力，使社会主义的人生观和价值观潜移默化地深入人心。将意识形态的理想因素与现实内容以及人民群众的利益需求有机地结合，关注人民群众的实际问题，把握群众的思想脉搏和生活追求，把解决人的思想问题同解决人的实际问题结合起来，才能使我们的主流意识形态能够真正做到引导社会心理，充分发挥价值导向的作用。

三、在包容和整合中实现马克思主义意识形态的创新

坚持主流意识形态的主导性并不意味着要绝对地排斥其他。如何通过一种社会绝大多数成员均能接受的意识形态，把多元化的社会利益整合在一起，消解不同利益集团之间的矛盾，是执政党面临的一大难题。[1]“成功的意识形态必须在解释外部条件的可观察到的变化时保持灵活的适应性和包容性，才能与时俱进地不断自我更新，从而赢得成员的持续认同与忠诚。”[2]主流意识形态必须具有普适性、包容性和对其他意识形态的整合作用。

历史上看，主流意识形态对待其他意识形态常常采取排斥和斗争的方式，与其他意识形态长期处于剑拔弩张、你死我活的紧张关系。如冷战时期以苏联为首的社会主义意识形态和以美国为首的资本主义意识形态处于对立之中，不仅不能进行真正意义上的对话和交流，而且也不能进行真正意义上的较量与竞争，这其实对主流意识形态的发展是不利的，只有在交往中才能体现社会主义意识形态的生命力。目前在我国，多种意识形态成

[1] 张骥等:《中国文化安全与意识形态战略》，人民出版社 2010 年版，第 360 页。
[2] 沈湘平:《合法性与意识形态建设》,《天津社会科学》2002 年第 1 期。

分的存在已是客观事实，它反映了社会进步和开放的程度。多种意识形态成分的出现，并非完全是对主流意识形态的威胁，除了那些敌对的意识形态之外，有些非主流意识形态对主流意识形态是一种补充。主流意识形态应该具有普适性，应该成为人民群众最为广泛的精神需求，为人们提供核心价值观念，成为人的精神家园。主流意识形态在确保自己的主导地位的同时，应该能够最大限度地包容、整合其他有益的或无害的意识形态的内容。历史证明，简单地强调意识形态之间的对立和斗争，曾使我国社会在相当长的一段时期里处于紧张和动荡之中。而与有益的或无害的意识形态之间的协调与共存，对于我国今后社会的稳定与发展将是十分重要的。主流意识形态还应具有兼容并蓄其他意识形态合理、科学成分的气度和能力。应该在与其他意识形态的并存和竞争中，发展壮大自己，使自己永远立于不败之地。只有这样，它才能把自己所倡导和支持的世界观和价值观推广于广大的社会成员并为其所接受。与此相反，当主流意识形态失去了自己的发展空间和包容整合其他意识形态的能力，并人为地阻隔同其他意识形态和文化资源的联系时，将会导致自身越来越贫瘠，越来越枯竭，从而无法生长出丰茂的植被。

在中国，强调马克思意识形态的包容性和整合性，首先意味着与中国传统文化的融合。由于马克思主义、社会主义并不是从中华文化中原生的意识形态，作为一种“外来”文化，怎样融入中华文化之中，这始终是一个重大且重要的历史课题，也是马克思主义中国化的应有之意。意识形态与民族文化的融合程度越高，其文化自觉程度也越高，而其政权依赖性就相对较低。[1] 意识形态与民族文化并不具有必然的同一性，不同意识形态可与同样的民族文化结合；而相同的意识形态可与不同的民族文化结合，例如马克思主义在不同民族国家成为主流意识形态。原生的意识形态自然汇集了意识形态和民族文化，往往能形成较高的国家文化势能，意识形态

[1] 王宪磊:《对信息时代国家文化安全若干问题的思考》，巴忠倓主编:《文化建设与国家安全》，时事出版社 2007 年版，第 135 页。

的创新与传播和民族文化的创新与传播取得内在一致，两者交相呼应，共同发展。这种情况下意识形态传播更多地融入到民族文化的自觉中，意识形态取得了最有力、最稳定的传播形式。没有在民族文化中扎根的意识形态，其创新与传播都主要依靠政权来推动，其影响力和说服力也必然有限，与中华民族文化的融合是马克思主义意识形态创新的重要途径。

第四节　传统文化创新的文化安全战略

中华传统文化的危机来自于三个层面：中国传统文化自身的缺陷，中国现代化过程中对传统文化的误读，同时也有经济发展在道德和价值观层面对中国传统文化的冲击。文化安全战略的重要内容是中国传统文化的现代化，战略谋划中国传统文化的现代化需要我们在观念上重新认识传统文化，在内涵上要寻求传统文化的先进因素，在传播方式上推动传统文化的现代转变。

一、用战略视野审视中国传统文化

用历史眼光来审视，我们对自己文化的认识，曾经历了从自我陶醉到全盘否定、再到重新认识这样一个历史过程。中西文化之争是近代中国思想文化界的中心议题之一,也是近代以来的中国文化安全建设的焦点所在。关于中西文化之争，最早的是对于“中体西用”观的争论。早在16世纪中叶，一部分先进的中国思想家，如徐光启、梅文鼎等，表现出一种开放的胸襟,用“西方的治国天下之术”来“补救儒术,救正佛法”。与此同时，也存在着一股拒斥“西学东渐”的思潮。尤其是鸦片战争以后，西学更是以前所未有的速度和规模传入中国。洋务派代表人物张之洞，借用中国古代“体用”的概念，提出了“中学为体，西学为用”的主张，并由此引发了一场在中学与西学问题上究竟以何者为“体”、何者为“用”,即所谓“中西体用”问题的争论。20世纪三四十年代，关于中国文化建设的走向问题，更是将这种争论推向了高峰，其中最典型的便是“全盘西化”和“本位文化”之争。[1]这场争论对我们今天在构建本国的文化安全上如何对待西方文化仍有重要启示。在中西文化之争中，极力推崇西方文化者主张中国彻底西化，胡适即“全盘西化派”中的著名代表人物之一。他毫不客气地说：“我们必须承认我们自己百事不如人，不但物质机械不如人，不但政治制度不如人，并且道德不如人，知识不如人，文学不如人，音乐不如人，艺术不如人，身体不如人。”声称“不要怕丧失我们自己的文化”。对于“本位文化”的观点，胡适更是持反对态度，他说“我是主张全盘西化的，但我同时指出，文化自有一种‘惰性’。全盘西化的结果自然会有一种折中的倾向”。“全盘西化”的另一位代表人物是陈序经，对“中体西用”进行了激烈的批判，提出“欧洲文化是物质文化，东方文化是精神文化”等观点，强调欧洲近代文化比中国先进得多，认为中国的一切远远比不上西洋，西洋文化就是世界文化，要想“救治中国目前的危亡，我们不得不要全盘西化”。总之，全盘西化论者从西方近代文化优于传统中华文化的认识出发，或主张充分世界化，或主张彻底西化，或主张在质的方面彻底西化，实际上，无一例外都认为现代化即西化。针对“全盘西化”论，一批文化保守主义者提出了“本位文化”论。1935年1月10日，萨孟武、陶希圣等10位教授在《文化建设月刊》上联名发表了《中国本位文化的文化建设宣言》，打出了“中国本位的文化建设”的旗号。抗战时期，钱穆企图以振兴国史达到复兴民族的目的。他认为，中国的出路只能依靠国家民族内部自身的一种新生命力的发抒与成长，而这种力量的发抒与成长只能靠民族的自觉精神来促进。

1840年以来，内忧外患，风云变幻，偌大的中华帝国积贫积弱，中国人找到了文化的根子，可以说“五四”新文化运动之后中国传统文化一蹶不振。后来我们讲“要批判地继承”传统文化，但实际上弃多扬少，尤其是在价值观方面“弃”得多，因而中国文化的根基发生了某种动摇。“五四”

[1] 罗荣渠主编：《从“西化”到现代化》（中册），黄山书社2008年版。

以来的知识精英们没有创造出中国特色的思维方式。在这个历史过程中，涉及怎样看待我国五千年历史文化的问题，其中核心的问题是如何面向现代化、面向世界、面向未来，实现传统文化的现代化问题。这个问题从理论到实践，都没有完全解决。文化的拨乱反正是一个长久的任务，也是非常艰巨的任务，任重而道远。

改革开放以来，随着我国经济的发展和综合国力的强大，人们开始对中国传统文化进行再认识，开始寻找中国强大的文化基因。我国国内出现"国学热"和世界上出现"中国热"，就是在这样的时代背景下发生的。一些国外有识之士越来越认识到：21 世纪将不再由西方发达国家塑造，中国在走向强大的过程中，将会愈加肯定其古代文明延续下来的价值观。中华民族正处在伟大复兴的重要阶段，我们必须有清醒的文化自觉。文化自觉是指生活在一定文化中的人对其文化有"自知之明"，明白它的来历，形成过程，所具有的特色和发展的方向，不带任何"文化回归"的意思。不是要"复旧"，同时也不主张"全盘西化"或"全盘他化"。自知之明是为了加强对文化转型的自主能力，取得决定适应新环境、新时代的文化选择的自主地位。[1] 因此，我们既要深入挖掘中华文化的精髓，又要认真反思我们文化的缺陷，从而建设性地实现古为今用，使之成为推动中华民族伟大复兴的丰厚资源和强大动力。

用战略视野审视中国传统文化，就是要认清中国文化复兴的时间和空间。冷战后的国际社会更需要一种重视文化和谐共存的意识形态。因此，中华传统价值观融入世界，为国际社会做贡献的几率大大提高，用中国的传统文化的深厚底蕴和价值观让国际社会真正理解中国对外事务的和平方式也是实际的需要。中国经济的发展不可避免地会导致中国文化传统的复兴，并对全人类今后的发展方向和进程提供有益的价值观和思路。中国融入世界体系的大前提也决不可能是全面接受西方的主流意识形态——即欧洲中心论的历史观和发展观。中国有改造和纠正欧洲中心论的重大国际责

[1] 费宗惠、张荣华编：《费孝通论文化自觉》，内蒙古人民出版社 2009 年版，第 22 页。

任。[1]这是中国传统文化复兴的空间。中国地位的上升要求我们对世界发展的趋势提出自己的看法，敢于在意识形态问题上与美国正面交流。在国际舞台上，中国不能只关注经济上的纠纷，而应该在意识形态方面拿出自己的看法，这种看法更多地要源于中国的传统文化。美国优势心理的源头在于意识形态，而美国的意识形态重对立，轻合和。中国传统文化强调“天人合一”，不接受任何截然对立、不可调和的关系。中国地位的重新上升的历史意义决不可能仅仅限于单个国家自立于世界强国之林的能力。因此我们应该摒弃“中西古今”之争，即“全盘西化”和“本位文化”之争，“古”、“今”对立的思想倾向，而是融会“中西古今”之学，创建适合中国发展的新文化。

二、中国优秀传统文化的继承与创新

中国传统文化危机的原因之一是中国文化自身的缺陷。20世纪40年代国民参政员黄炎培等应毛泽东邀请到延安访问，黄炎培真诚地向毛泽东提出了著名的“周期率问题”。[2]黄炎培说：“我生六十多年，耳闻的不说，所亲眼看到的，真所谓‘其兴也勃焉’，‘其亡也忽焉’，一人，一家，一团体，一地方，乃至一国，不少单位都没能跳出这周期率的支配力。大凡初时聚精会神，没有一事不用心，没有一人不卖力，也许那时艰难困苦，只有从万死中觅取一生，既而环境渐渐好转了，精神也就渐渐放下了。有的因为历时长久，自然地惰性发作，由少数演为多数，到风气养成；虽有大力，无法扭转，并且无法补救。也有为了区域一步步扩大了，它的扩大，有的出于自然发展，有的为功业欲所驱使，强求发展，到干部人才渐见竭蹶、艰于应付的时候，环境倒越加复杂起来了，控制力不免趋于薄弱了。一部历史，‘政怠宦成’的也有，‘人亡政息’的也有，‘求荣取辱’的也有，

[1] 相蓝欣：《传统与对外关系》，生活·读书·新知三联书店2007年版，第7页。
[2]《毛泽东与黄炎培谈兴衰周期率问题》，《新文化史料》1994年第4期。

总之没能跳出这周期率。”毛泽东当即回答：“我们已经找到了新路，我们能够跳出这个‘周期率’，这条新路，就是民主。只有让人民来监督政府，政府才不敢松懈。只有人人起来负责，才不会人亡政息。”

对中国科技史研究做出贡献的英国学者李约瑟提出了著名的“李约瑟难题”。他说：“如果我的中国朋友们在智力上和我完全一样，那为什么像伽利略、托里拆利、斯蒂文、牛顿这样的伟大人物都是欧洲人，而不是中国人或印度人呢？为什么近代科学和科学革命只产生在欧洲呢？”众所周知，中国是享誉世界的文明古国，在科学技术上也曾有过令人自豪的灿烂辉煌。除了世人瞩目的四大发明外，领先于世界的科学发明和发现还有100种之多。然而，从17世纪中叶之后，中国的科学技术却如同江河日下，跌入窘境。据有关资料，从公元6世纪到17世纪初，在世界重大科技成果中，中国所占的比例一直在54%以上，而到了19世纪，剧降为只占0.4%。中国与西方为什么在科学技术上会一个大落，一个大起，拉开如此之大的距离，这就是李约瑟觉得不可思议，久久不得其解的难题。

中国王朝更迭的周期，中国科技在近代的落后体现了在不同领域中国传统文化的缺陷，是值得深入反思的。对传统文化的坚持并非固守和僵化，对于其中落后保守的东西需要自省、自觉地批判和抛弃，同时也要对中国传统文化中的现代因素进行梳理和继承，这是中国传统文化实现创新的根基。坚持中华民族的传统文化是文化安全的根本所在。

在漫长的历史过程中形成的中国文化，诸如讲究人的修养，刻苦、耐劳、坚韧等民族精神，传统的善和美等都曾经征服了世界，在今天仍足以使我们引以为豪。中国人文精神中的“义利”之辩，社会伦理中的“人和”精神，人与自然关系的“天人合一”，政治智慧中的“为民”观念，经济道德中的“均产”精神……所有这些观念，完全可以毫无愧色地面对西方重商重利、个人主义。中国战略文化蕴涵于中国五千年传统文化之中，体现了中华民族特有的性格、价值观念和心理情感。中国传统文化的主要内核是博大精深的“和合”与“中庸”思想，前者强调“和而不同”与多元共存，崇尚“和为贵”，反对战争和征伐，后者主张不偏不倚，强调“己所不欲，勿施于人”的忠恕之道。这种“中和”内涵决定了中国战略文化的特质和外交哲学的本质必然是“和平主义”、“理想主义”和“道德主义”的统一。

中华文化发展是在不断交流中实现的，始终善于弘扬本国优秀传统文化，学习外国和外族的先进文化。中国文化交流的历史特点是在文化输出上，基本采取温和的态度与和平友好模式。无论是中华文化国力强盛的汉唐时代还是作为世界经济大国的明清时期，作为中华文化输出形式的丝绸之路、张骞出使西域与郑和下西洋，都是以通商、结好为目的。中华文明的和平输出对世界文明产生了重大影响，例如“四大发明”推动了世界近现代历史的来临。在文化输入上，中国在鸦片战争前一直是主动接受外来文化并使之本土化。例如来自异域的佛教文化，最终经本土化而融入中国文化，成为中华民族传统文化的重要组成部分。在中国盛唐时期的长安，不仅是罗马的医术、拜占庭的建筑、阿拉伯的面食、西域各地的音乐舞蹈，都大受唐朝人喜欢。外国来的商人、留学生、外交官、宗教人员随处可见，几乎不存在任何歧视。中国的大国心态是由中华文化的包容性决定的。中国人在对外关系中始终是以文化大国的包容自信和多元开放的心态参与到双边文化交流上来的。这种心态源于深刻意义上的中华文化，可以吸纳一切美好事物，不管他们来自何处，这是一种精神吸引力，这正是崛起的中国在文化上需要的心态和思维，并应是一种全民心态。

三、用文化产业发展的契机和现代元素升华和传播中国传统文化

中国的传统文化博大精深，有行为模式、思维方式和心理特征，也有可感知的、具有物质实体的文化事物。观念形态包括宗教信仰、价值观念、法律政治等意识形态的东西；精神产品包括文学艺术和一切知识成果，代表性的场所为博物馆与图书馆；还包括衣食住行、民情风俗等生活方式。要用别人喜闻乐见的形式和语言来介绍中华文化就包括弘扬中国传统文化

中具有现代意义的价值观念、思维方式等。

文化产业的发展正是用现代元素提升中国传统文化的契机。文化产业具备了资源产业的特征，它可以满足人们的需要，又可以实现价值的增长，更为重要的是能够创造新的需求，完成资源的服务—增长—修复—再服务的循环链，成为一种新型的资源。欧洲有许多国家像英国、法国、意大利、德国、丹麦等拥有丰富的文化遗产资源、完善的文化基础设施以及长期投入的财政资金，推动了文化产业的持续发展。党的十七届六中全会为文化产业的发展激活了春天，要把文化产业做大做强。《国家“十二五”文化改革规划纲要》中明确提出大力发展文化产业，也指出拓展文化遗产传承利用的途径：“正确处理保护与利用、传承与发展的关系，促进文化遗产资源在与产业和市场的结合中实现传承和可持续发展。鼓励各地积极发展依托文化遗产的旅游及相关产业，发展特色文化服务，打造特色民族文化活动品牌。推动文化遗产信息资源、数字资源开发利用，提升中华文明展示水平和传播能力。鼓励对工业遗产、文化景观、考古遗址公园进行综合开发利用。加强文化遗产保护宣传，深入实施国家通用语言文字法，大力推广和规范使用国家通用语言文字，依法保护各民族语言文字，推动文化遗产教育与国民教育紧密结合。深入挖掘民族传统节日的文化内涵，广泛开展优秀传统文化教育普及活动，传承中华民族优秀传统文化。”[1]

用现代元素提升中国传统文化中，要发挥政府的作用。尤其是地方政府要在国家文化政策的推动上扮演举足轻重的角色。地方政府要善用当代艺术文化的软实力，把艺术融入公共空间，获得人们与地方的认同。韩国政府从中央到地方都非常重视传统文化的保护、传承和振兴。政府鼓励民居拥有者继续在传统的瓦房和草屋里生活，建筑外观不能被随意改变，以形成体现传统乡土风情的“民俗村”。各级政府和民间团体还举办“文化遗产年”、“旅游年”等活动，设立“泡菜节”、“假面舞节”等年度庆典来进一步宣传韩国的传统文化。为发掘韩国的优秀传统文化，韩国还专门

[1] http://news.xinhuanet.com/politics/2012-02/16/c_111529579.htm

设立了“无形文化财产厅”，组织专家发现并认证值得保护的传统文化项目。韩国的传统说唱、假面舞、造纸等传统手工艺、宫廷御膳、礼仪、传统风俗节庆、传统医药等被当做“无形文化财产”加以保护。此外，韩国还善于将传统文化与现代工业手段相结合，创造新价值。为中国人熟知的电视剧《大长今》便结合了韩国饮食、服饰、医学等传统文化元素。除电视剧出口获得的一次性收益外，该剧还带动了旅游热、韩式美食养生热和韩国传统文化体验热，创造了极大的综合效益。韩国的经验为我们提供了新思路。如我们可以用时尚元素更新传统文化场所。在传统文化场地举办新活动，引入现代艺术家的展览，以强烈的视觉震撼以及争议性的舆论吸引更多的参观者。将老旧的建筑改造成有创意的文化设施，注入文化软实力，转变城市形象，使城市更具有历史与文化价值。大型艺术文化中心设立分馆，将给予其他城市崭新的文艺面貌，分享文化资源。中华传统文化是我们对外文化交流的本源和基本立足点。即要根据国外的文化环境特点来推出我们的传统文化项目；加强对传统项目的挖掘与创新。如在欧洲戏剧和传统文化积淀深厚的地区推出了京剧、昆曲和一些非遗项目，2009年，在比利时举办的“欧罗巴利亚中国艺术节”的开幕演出上，中国作曲家在西方交响乐中成功运用了中国音乐与戏曲元素，诠释出东西方文化交流的非凡意义，现场2500位观众对于中国川剧与交响乐尝试的完美结合回报以雷鸣般的掌声。

依托文化产业开展文化交流要重视弘扬和宣传中国优秀传统文化，要针对国际社会的关切和某些外国人的误读，传播中华文明中注重和谐、亲仁善邻的历史特点，传播中华文明独具的“强不执弱”、“富不侮贫”的精神和“协和万邦”、“天下为公”的世界政治主张，在此基础上积极宣传我国坚持走和平发展道路、推动建设和谐世界的政策主张。通过中国文学、哲学、美术、电影等一系列艺术形式全面介绍、展示中国人一直致力于追求和谐与平等的观点，让中国声音、中国理念、中国形象在世界广泛传播。通过建设各种文化交流平台和文化品牌项目、开展有民族特色和国际影响的文化交流活动让更多外国观众感受中华文化的和平本质和无限风采，以此消除他们对传统中国一些无根据的偏见和无意的误解，塑造中国和平发展的形象，让外国人在认同中华文化的基础上，赞同、接受和支持“中国机遇论”。

第五节　拓展文化影响力的文化安全战略

传播中华文化是中国发展的历史使命和战略需求。在当今以市场经济占主导地位的世界贸易体系中，繁荣的贸易活动刺激着文化产品的不断流通，从而引起不同文化间相互激烈的渗透和影响。文化领域成为国家行为体之间为维护本国主权而开辟的一个新的竞争场所，其激烈程度正在与日俱增。在这场文化较量中，不参与必然不会有收获。经济实力迅速增长的中国，金融危机中经济增长速度不减的中国在国际社会中却面临着困境，分离主义势力的活跃、美国重返亚太战略的压力等等，崛起的中国需要思考如何把不断增长的物质实力转化为影响力，缓解其他国家尤其是美国的战略焦虑和东亚国家的战略恐惧，这种安全的压力和外部挑战的化解中，文化的力量是巨大的，和平发展的文化战略成为当下国家战略的一项重要议程。中国文化的世界贡献还极为有限，它在世界的影响力远远不能与中国在国际政治和经济发展方面所具有的世界影响力。鉴于此，拓展中国的文化影响，实施文化“走出去”战略是文化安全的战略内涵之一。

一、中国文化“走出去”的战略机遇

流动是文化的生命运动，它是无法阻挡的，永远从高处流向低处。人们常说“文化交流”，听起来似乎总是对等地“有来有往”的流动。历史事实并非常常如此。相反，对等的“相互交流”是很少见的。多数情况下是大量输入，单向流动，而对应的输出是微不足道的。例如，汉唐时代中

国从印度输入佛教文化，包括语音学、因明学、雕塑技术和建筑技术等等，并使佛教发展成为“有中国特色”的佛教。但是中国向印度输出的文化很少。这是最明显的单向流动。欧洲人征服殖民地时尽力输出西洋文化，可是对应地从殖民地输入土著文化，实在微乎其微。这是文化流动的“一边倒”。

自鸦片战争以来，中国在文化交流中一直是文化“拿来主义”，今天崛起的中国开始走向文化输出，唯有此，才能真正走自己的路，创造新世纪的中国形象。中国文化不仅要发展和繁荣，更要把文化发展成果公之于众，让世界了解。在文化“走出去”问题上，宗白华先生曾提出“开窗拿来开门出去”，季羡林先生曾提出“三十年河东，三十年河西”、“中华文化复兴”、“送出主义”等思想。[1]这些观点体现了中国的文化自觉意识和人类资源共享意识，中国也要有自己的文化精神生长点。文化“走出去”战略成为近几年来我国关于文化发展最突出的主题之一，一方面，它是我国经济“走出去”在文化领域里的必然延伸，同时也是我国文化市场对外开放的必然结果。更深层次的原因是如何克服中国的经济地位和影响力不符的局面，变消极应对为主动出击，维护国家文化安全。

改革开放以来，中国文化“走出去”取得了显著的成就，但也应该看到，“中国制造”在不断走向世界，而中西文化交流却是“贸易逆差”，严重入超。我国文化还远不是国际主流文化，文化竞争实力与日益增强的综合国力、经济实力很不相称。有资料表明，在世界文化市场上，美国占43%，欧盟占34%，亚太地区占19%，其中日本占10%，澳大利亚占5%，其余4%才属于包括中国在内的其他亚太地区国家。相对来说，我国的电视节目、报刊及通讯社的报道在国外“落地”的不多，“落地”之后观众、读者也不普遍，特别是在华人圈以外的影响力比较有限。很多国外民众对中国、中国人、中国文化知之甚少、存在误解，有的国外民众对中国的印象还停留在改革开放以前甚至是解放前。[2]

[1] 季羡林:《三十年河东，三十年河西》，当代中国出版社2006年版。
[2] 万季飞:《文化“走出去”任重道远》,《人民日报（海外版）》2011年10月29日。

中国文化“走出去”战略是国家未来文化发展的重点任务之一。2012年2月发布的《国家十二五时期文化改革发展规划纲要》，强调加强对外文化交流，推动文化产品和服务出口、扩大文化企业对外投资和跨国经营。2012年2月18日，中国国际文化传播中心在北京召开2012年度工作会议，集中研究创新文化走出去模式问题。全国人大常委会副委员长、中国国际文化传播中心主席司马义·铁力瓦尔地在会上强调，要以高度的文化自觉和文化自信，把创新中华文化走出去模式放到党和国家工作大局中来认识，放到中国与世界关系的发展变化中来把握，放到提高中华文化国际影响力的总体布局中来谋划，精心组织好国家文化年、中国文化节等重大品牌活动。要大力倡导开拓创新精神，增强国际文化传播工作的生气与活力，形成与我国国际地位相对称的文化软实力，增进国际社会对中华文化的了解和认识，积极传播面向世界、面向未来、民族的、科学的、大众的社会主义文化，提高中华民族在世界上的影响。

二、文化“走出去”的战略内涵

世界需要中国文化，中国文化“走出去”是大势所趋，是历史的必然。我国文化“走出去”要更多地展示我国现实情况，展示我国各族人民当代精神风貌。中国的文化输出要明确两个观点：中国的文化输出战略不是文化殖民，只是向世界展示中国，让世界认同中国的发展，尊重差异性和文化的多样性，以平等的心态参与世界文明构建。我国文化“走出去”应在传统文化的基础上，让世界认识一个真实的中国，一个当代的中国，一个发展中的中国，一个注重家庭和睦，社会和谐，世界和平的中国。第二，中国的文化输出不仅仅是官方的事情，企业和个体的作用更大。应该说，文化输出与国力增强密切相关，但在相当长的时间内还是民间的作法。建立以政府为引导、企业为主体、市场化运作为主要方式的工作机制，整合社会资源，推动民间参与国际文化交流与合作，科学、常态地传播中华文化、传递中国信息。通过政策引导、项目扶持、资源共享等手段，广泛动员社会力量参与到对外文化交流与合作中来。

目前，中国文化输出主要集中在实用文化、民俗民情等一般层次。中国输出的是丝绸、茶、工艺品、丝织品、中国武术、中国熊猫等物质形态的文化，停留在实用文化，宣扬民俗和风情，这仅仅是表层的文化交流，当外国人知道中国功夫、中国熊猫的时候，并没有改变对中国的认知，无法达到塑造中国国际形象的目标。文化不是单一的，它是多种力量和成的平行四边形力矩，按照合力的方向发展，只有思想层面的交流才能深入文明的内部神经。[1] 只有注重输出中华文化中深刻的思想和高雅的艺术以彰显中国文化的历史内涵和高度,而中华文化不仅包括中国优秀的传统文化，还包括当下的思想和精神。

中国当代的文化"走出去"战略从文化内涵上主要应该包括三个层面：总结中国几千年的文化及文化的精神遗产；清理当代文化大师的理论与实践，输出中国现代思想家学者的思想，从而使世界深度理解中华文化的思想内涵；中国百姓真实的生活和生活态度。在文化产品的国际贸易中，中国的文化产品应从这三个方面丰富和充实文化产业内容所体现的中国文化。中国文化输出不应仅仅是宣传中国，还应传递中华文化，使其他国家认同中国的价值理念。2011 年 1 月，美国纽约时报广场的电子显示屏上开始出现众多中国面孔。来自中国各地的 59 个人物在《中国国家形象片——人物篇》中一一亮相。虽然每人在片中平均只出现一秒，但却生动传达着中国的形象。国家形象宣传片只是中国形象表达的沧海一粟，实际上，中华伟大文明、文化的传递还是每个中国人的责任我国文化"走出去"是一个长期发展、逐步积累的过程和战略，必须长期规划，有计划、有步骤、有重点地开展文化传播和交流。在路径方面在不同的地区寻求不同的战略目标。亚洲地区特别是东亚国家，与我们文化相近，是我国文化"走出去"的首选目的地，也应是我国文化软实力体现最强的地区。我国与欧

[1] 王岳川、胡淼淼著:《文化战略》，复旦大学出版社 2010 年版，第 224 页。

美国家文化交流的重点应放在有效展示、沟通理解、求同存异上。与非洲、拉美国家的文化交流注重认同中华文化，感知中华文化的力量。

三、通过人文交流机制和文化外交维护文化安全

一般而言，国家对外文化关系具有“两种性质不同而又相互关联的属性”：一方面，不同文化之间的相互交流和沟通，是“推动人类文明发展的一种十分重要的历史进程”，通过文化交流，国家之间可以增进彼此了解和认识；另一方面，文化交流也往往“成为国际政治中一国政府为达到其外交目的而运用的一种特殊政策工具”。[1] 国家间文化交流和渗透的形式是多样的，可以通过国民在海外从事商业、宗教、教育和其他活动的方式，可以通过国家双边开展文化交流项目的形式，也可以通过向海外输出本国文化产品的办法。国家政府机构会从政策上对这类活动进行直接或间接的管理和指导，甚至制订明确的对外文化战略，使这些文化交流和渗透活动最终为本国政治、经济、安全及其他内容服务。因此为了实现国家的对外政策目标而策划和运用文化力量的文化战略直接关系到国家的文化安全。

文化要素不会自动传播，而是需要文化要素的搬运者。具体来说，留学生、出国的教师、技术人员、商人、外国游客是文化的搬运者；另一方面，也有实物、书刊、电影、电话、电视、互联网等媒体等传达信息来充当文化的搬运者。文化的搬运者中有些是无意识的，如商人和游客；而有些是有意识的，如媒体和教师等。文化搬运者中的人、物、书刊属于迟缓的媒体，电影、电话、电视和互联网等都是快速的媒体。[2] 因此，中国文化输出的方式应重视人文交流机制和文化外交。把传播文化产品、发展文化教育交流等手段结合起来进行文化输出。以人员、图书、教育、艺术等手段进行文化交流，其主要作用是“影响精英人物”，着眼点是长期的文化调整；

[1] 刘永涛：《文化与外交：战后美国对外文化战略透视》，《复旦学报（社会科学版）》2001 年第 3 期。
[2] ［日］平野健一郎：《国际文化论》，张启雄等译，中国大百科全书出版社 2011 年版，第 63—65 页。

无线电广播和电影的宣传手段则是在影响其听众和观众方面，可以立竿见影地改变人们的见解和政治态度。

中国作为一个负责任的社会主义大国，历来倡导不同文化间的交流与合作，比如国家间互派文化考察团和互派留学生等。在人文交流机制的构建中，结合政府交流和民间交流，要重视民间交流机制的建设，发挥非公有制文化企业、文化非营利机构在对外文化交流中的作用，支持海外侨胞积极开展中外人文交流。在人文交流机制中，要注意面向年轻人，建立面向外国青年的文化交流机制。应中国政府邀请，2011 年印度 500 人青年代表团来中国进行了为期 10 天的友好访问，这是“中印交流年”的一项重要活动，也是中印两国青年交流史上单次人数最多、规模最大的一次访问，有益于两国年轻人的文化交流，这种方式也值得推广和进一步深入开展。

文化外交不同于一般意义上的对外文化交流关系，它突出政府在对外文化关系中所起的作用。文化外交是以文化传播、交流与沟通为内容所展开的外交，是主权国家利用文化手段达到特定的政治目的或对外战略意图的一种外交活动。[1] 大力开展文化外交，推动国际文化间的多边对话与合作。可以说从对外宣传向文化外交的转变，是树立国际威望政策不断走向成熟的标志。文化外交旨在通过文化信息和价值观念的对外投射和相互流通，产生文化吸引力，激发他国的认同感，建构起与他国的积极友好的身份认同关系，由此，获得国际社会积极肯定和认可，树立应有的国际威望。文化外交的途径是多种多样的，主要是靠文化交涉、谈判、签订各项国际文化交流项目的官方协定、缔结文化条约、召集和参与各项国际文化会议、组建和加入国际文化组织、保障文化人员的互访、文化成果的对外展览等。其次，政府依靠媒体、报纸、互联网等国际传播媒介，提高本国在国际社会中的形象和影响力，进而左右他国的意志和行为来实现自身的外交战略意图。文化外交的深层次涵义还包括中国应该积极参与国际文化机制建设，通过国际文化规范、规则的制订和修改来反映中国的文化主张，在维护中

[1] 李智:《文化外交——一种传播学的解读》，北京大学出版社 2005 年版，第 24 页。

国和平发展过程中日益增长的文化利益的同时，也为世界文化的繁荣和不同民族间的互信与理解贡献自己的力量。

四、中国文化影响力拓展的案例分析——中国在东南亚软实力评估

东南亚地区是中国的近邻，是中国文化影响力战略谋划的首要地区。中国在此地区的软实力政策也取得了一定的效果。“中国威胁论”在东南亚地区逐渐被“中国机遇论”所代替，中国经济的繁荣能为他们提供机会。无论从哪方面讲，中国对东盟而言都是不可回避的力量，唯一的选择就是和中国接触，东盟国家认为地区和平主要依赖于中国。同时，东南亚依然把美国视为地区安全的重要力量，希望美军驻留东亚以维护地区稳定和繁荣，并借助美国的影响制约其他大国尤其是中国在东南亚发挥更大的作用，这种观念在 2008 年金融危机之后更强烈。中国在东南亚地区的文化影响力和认同感确实取得了一定成效，但仍任重而道远。

从人文机制的建立上，中美与东南亚地区的人员交往在增进了解、培育正面形象等方面的作用不可低估，主要体现在旅游、文化与教育交流和语言的学习和推广上。出境游是各国间文化交流的渠道，具有流动性和参与性，旅游者的数量和文明程度可以提升本国的软实力。从趋势上看，中国到东盟旅游人数比美国多，且逐年增长，美国、日本、韩国基本保持不变。从人数和所占比例上看，中、日、韩和美国到东盟旅游的人数相差不多，作为东盟的近邻中国在旅游人数上并没有居于绝对优势（见表 5-1）。

中国在文化领域的软实力资源需要以适当的方式互动交往才能显示，教育交流发挥着不可替代的作用和功能，教育交流本身就是知识、思想、文化乃至制度展示、传播和影响的途径。[1]一般而言，人们愿意到经济发达、政治开明、文化先进的国家寻求教育机会，可见，一个国家吸引留学生的多寡是本国软实力的体现，更是提升软实力的重要途径。“一些早期来美

[1] 韩震：《教育交流与国家软实力的提升》，《教育研究》2008 年第 11 期，第 51—56 页。

国的苏联留学生最终成为执掌大权的官员，他们在苏联解体中扮演了重要角色”。[1] 留学生在中国的经历将使他们对中国的利益观持开放的态度。

表 5–1　以东盟国家为旅游目的地国家的人数统计表 [2]

来源国	2007		2008		2009		2010	
	人数（千人）	占比例（%）	人数（千人）	占比例（%）	人数（千人）	占比例（%）	人数（千人）	占比例（%）
美国	2.537	4.1	2.653	4.1	2448.7	3.1	2679.2	3.9
中国	3.926	6.3	4.477	6.9	4201.7	6.4	5407.1	7.3
日本	3.701	5.9	3.623	5.6	3214.0	4.9	3457.9	4.7
韩国	3.538	5.7	2.389	3.7	2553.4	3.9	3285.7	4.5

中国高校的国际学生人数大幅增加，多数学生拿到了政府发放的奖学金或补助。十年内，在华入学的外籍学生总人数增长了三倍，75% 的学生来自亚洲，其中韩国和日本的学生一直占大多数，而来自于东南亚的学生越来越多。例如，在过去六年里，越南学生人数的增长幅度达到六倍之多。大部分外籍学生受中国繁荣经济的吸引而来到中国，也反映了中国在整个亚洲越来越具有文化吸引力。根据教育部门的统计，超过四分之三的外籍学生是来华学习关于一般文化问题的相关理论，如汉语语言、艺术、历史、哲学和中医。

美国的教育文化交流自 2001 年恐怖袭击之后面临着一些挑战。2003 ~ 2004 学年里，留学美国外籍学生的入学率跌落了 2.4%，30 年来首次出现下滑现象。2003 年，只有 1353 名印尼学生在美国学习，与 2000 年拿到签证的 6250 名学生相比，形成了巨大落差。2005 年之后，到美国留学的东亚学生逐渐恢复到恐怖袭击之前的水平。2008 年，在美国留学生前 25 位来源国中，东亚地区占 7 个，尤其是越南到美国留学的人数在

[1] Joseph S. Nye, Jr., Soft Power: The Means to Success in World Politics, NewYork: Public Affairs, 2004, p84.

[2] Top ten country/regional sources of visitors to ASEAN, http://www.aseansec.org/Stat/Table30.pdf.

前25个国家当中增长率是最快的，印尼和泰国的留学生人数有所下降。总体而言，在美国留学生人数增长幅度中，陆上东南亚国家比海上东南亚国家增长快。留学生主要在美国学习商业管理、工程技术、物理和生命科学、数学和计算机等，语言学习在前十大学习领域中居第八位（见表5–2，表5–3）。

表5–2　主要东盟国家来华留学生统计表[1]

国家	2004年	2005年	2006年	2007年	2008年
印尼	3750	4616	5652	6590	7084
泰国	2371	2594	5522	7306	8476
越南	4382	5842	7310	9702	10396

表5–3　东亚地区学生赴美留学情况统计表[2]

来源国（名次2008/2009）	增加幅度	增加幅度	增加幅度	增长幅度	增长幅度
	2006/2007（年）	2007/2008（年）	2008/2009（年）	2008/2009（年）	2009/2010（年）
中国（2）	67.723	81.127	98.235	21.1	127.628
韩国（3）	62.392	69.124	75.065	8.6	72.153
日本（5）	35.282	33.974	29.264	–13.9	24.842
越南（9）	6.036	8.769	12.823	46.2	13.112
泰国（14）	8.886	9.004	8.736	–3.0	8.531
印尼（17）	7.338	7.692	7.509	–2.4	6.943
马来西亚（21）	5.281	5.428	5.942	9.5	6.190

语言是人与人交流的重要工具，推广中文将帮助外国人更好地了解中国，同时也是中国文化“走出去”的重要形式。语言在文化交流和显示文

[1] 中华人民共和国教育部主编:《中国教育年鉴》(2005—2009年)，人民教育出版社。
[2] 2006/2007数据来自Open Doors 2007、2008、2009、2010 Report on International Educational Exchange Institute of International Education International Student Mobility by Region–ASIA, http://opendoors.iienetwork.org/.

化魅力方面日益发挥着重要的作用。汉语水平考试（HSK）又称中国的“托福”考试，考生数量每年都有 40% ~ 50% 的增长。国家汉语水平考试委员会每年将 2 亿美元的财政预算用于促进语言学习的网络平台建设。为推广中国语言和文化，中国在多个国家开设了孔子学院。据中国国家汉语国际推广领导小组办公室（国家汉办）统计，自 2004 年 11 月全球首家孔子学院在韩国开设以来，截至 2011 年 5 月，全世界已有 101 个国家建立了 300 多所孔子学院和 400 多个孔子课堂。孔子学院已成为各国人民学习汉语、了解中国传统文化及其深刻内涵、促进中外文化交流的重要平台。中国在东南亚建立了 41 家孔子学院和孔子课堂，23 家在泰国，中国派出志愿者在泰国、老挝和柬埔寨教授中文。和英国文化协会、歌德学院、法语和文化学会一样，孔子学院具有一定的政治色彩，在世界上树立起一个更友好、更温和的中国形象。孔子学院也起到了弱化台湾国际影响，实现中国外交政策目标的作用（见表 5–4）。[1]

表 5–4　孔子学院地区学院一览表

国家	课堂总数	孔子学院和孔子课堂
泰国	23	朱拉隆功大学孔子学院；农业大学孔子学院；孔敬大学孔子学院；皇太后大学孔子学院；清迈大学孔子学院；宋卡王子大学孔子学院；玛哈沙拉大学孔子学院；曼松德昭帕皇家师范大学孔子学院；川登喜皇家大学素樊孔子学院；宋卡王子大学普吉孔子学院；勿洞市孔子学院；东方大学孔子学院；岱密中学孔子课堂；吉拉达学校孔子课堂；彭世洛醒民公立学校孔子课堂；合艾国光中学孔子课堂；易三仓商业学院孔子课堂；明满学校孔子课堂；南邦嘎拉娅尼学校孔子课堂；普吉中学孔子课堂；暖武里河王孔子课堂；玫瑰园中学孔子课堂；罗勇中学孔子课堂
印度尼西亚	7	雅加达汉语教学中心孔子学院；阿拉扎大学孔子学院；玛拉拿达基督教大学孔子学院；丹戎布拉大学孔子学院；玛琅国立大学孔子学院；哈山努丁大学孔子学院；泗水国立大学孔子学院
菲律宾	3	红溪礼士大学孔子学院；亚典耀大学孔子学院；布拉卡国立大学孔子学院

[1] Bates Gills, Yangzhong Huang, “Sources and Limits of Chinese Soft Power”, Survival, Vol.48, No.2, Summer 2006, pp.7–36.

续表

国家	课堂总数	孔子学院和孔子课堂
新加坡	2	南洋理工大学孔子学院；新加坡孔子学校
国家	课堂总数	孔子学院和孔子课堂
马来西亚	2	马来西亚全球汉语中心；马来亚大学孔子汉语学院
缅甸	2	福庆语言电脑学校孔子课堂；福星语言电脑学苑孔子课堂
老挝	1	老挝国立大学孔子学院
柬埔寨	1	柬埔寨王家学院孔子学院

注：笔者整理自国际汉语国际推广领导小组办公室，2011 年 10 月下载，http://www.hanban.edu.cn/confuciousinstitutes/node_10961.htm

中国在东南亚地区寻求影响力的软实力战略卓有成效。然而，2008 年以来，中国经济增长速度不减，中国大国军事战略在落实的过程中，东南亚国家在南海问题上与中国的矛盾越来越尖锐，美国和印度、日本等其他国家的介入也使东南亚地区局势更加复杂化。化解地区战略危机的方法之一是继续深化人文交流机制的同时大力开展文化外交，化戾气为祥和。

第六节　基于文化产业人才培养的文化安全人才战略

人才队伍建设关乎文化改革和文化安全维护的成败。文化人才培养目标的实现需要文化人才培养体系的支持。文化人才培养体系庞杂，包含国民教育体系、继续教育、在职培训等多种方式、多种渠道，而国民教育体系中的大学是文化人才培养系统的核心教育机构，应文化发展的机遇和挑战，重新思考大学教育的角色和培养机制，是培养文化改革高端人才的必要路径，也是大学文化建设和大学教育体制改革深入的必然要求。

作为文化发展的新形态的文化产业是一个以创造性为主体的知识密集产业，对人才的要求更高，对人才的需求也更强烈。文化产业的发展涉及技术、资源等硬环境，也涉及管理、政策和人才等软环境，软环境中创意人才和行业管理人才的培育是文化产业发展和繁荣的核心动力。2010 年 8

月，文化部制定并颁布了《全国文化系统人才发展规划（2010～2020年）》，这是文化系统的第一个人才发展规划。《规划》明确了2020年文化人才总体发展目标：到2020年，文化从业人员总量从现在的195.6万人增加到280万人，增长43%左右。文化人才总量占全社会总人口比例得到较大幅度提升，占全国人才资源总量比例预计达到2%左右。各类人才的思想素质、文化水平、业务能力得到全面提升，人才竞争比较优势明显增强。到2020年，具有大学以上学历的达到60%，专业技术人才中具有中级以上职称的达到60%左右。文化产业人才培养是制约文化产业发展的关键因素，也是维护国家文化安全的重要一环。

一、文化产业人力资源特征和能力的构成

文化产业人才主要是指在文化产业生产和经营中，从事文化产品的策划、生产、销售、管理等环节的人员，与传统物质企业相比，文化产业对人才的需求有其特殊性，需要创意性和复合型人才，需要有较深厚的文化底蕴、较强的创新能力和信息搜集能力、较好的经营管理能力等条件。

文化产业的鲜明特征是运用高科技手段，但这远远不只是技术和管理问题，还是一个不能脱离文化精神的内容问题。文化产业是凭借对文化资源的开发、整合和拓展，创造财富和就业机会并带动整体生活环境的改善。文化产业不是单纯的文化现象，也不同于一般的经济学，它是一个跨学科的研究领域，涉及文化、艺术、政策、经济、传播学、管理学和法学等领域。究其根本，文化创意产业的发展依赖于创意与文化的积累和创造，其核心价值在于文化创意生成，而其发展的关键是具有国际竞争力的文化特性和人才的创造能力。

文化产业与一般产业的重要区别之一是其原创性，可以源自所在地的传统文化与核心艺术；或者源自于个人的创造力与才能知识。创造性思维

是在探索未知领域的过程中，充分发挥认识的能动作用，突破固有逻辑通道，不断以新颖的方式和多维角度的思维转化来寻求获得新成果的思维活动。创造性思维来自于创造的欲望和激情，包括发现问题的敏感性、探索过程的发散性、解决问题的新颖性和思维结构的综合性等几个过程。每一种文化产品，从策划、设计、生产到销售都是创造性的劳动。文化产业的产品要有创新性，在文化产品开发中要突破原有的规范和模式，满足顾客的精神需求，在文化产品的营销过程中，更需要创意思维，提高效应，才能取得更大的经济效益。

文化产业的核心资产在于“人”，并同时牵涉到感性创意人才和理性创意人才的培育，在文化领域需要专门人才具有丰富的创意和设计能力，如何将“文化”和“创意”转化为“商品”，也需要有扮演“沟通”角色的管理者来协助文化人才与产业接轨，管理者要兼具文化内涵、创意思考和产业经营能力的综合人才。感性“创意人才”是文化产业价值体系中的核心，主要从事内容的创作和设计制作，应具有将抽象的文化元素直接转化为具有高度经济价值的文化产品的文化创新能力。如数字影音、动漫、游戏设计等技术密集、知识密集、智力密集型产业，除要求从业者具备较高的理论素养和文化素养外，更强调动手动脑等实操性能力的提高；理性创意人才主要指经营管理和策划人才，能够科学的评估和把握产业环境，并能在策划、设计、融资、生产、包装、销售等各个环节进行规划、统筹和运作。如文化项目策划、文化资源开发等行业，既要求从业者具备较高的专业素养和市场洞察力，又能够将专业知识与其他技术、知识合理对接，融会贯通。无论是创意人才还是产业管理人才，都需要具有人文内涵和人文素质，唯有此，才能够打造出高深的文化经典作品，文化产业才能够形成塑造民众的文化影响力。北京大学的著名文化学者、文化产业研究院院长叶朗指出：科学技术与艺术、人文的结合，应该成为我们的文化事业、文化产业的一个普遍的指导原则，我们要从战略的高度看待这个问题。[1]

人才标准是有层次的，不同类型产业的人才标准差异很大，同一产业也存在着层级标准。文化产业人才首先是人才，其培养遵循人才培养的共性和普遍规律，文化产业人才也要遵循有别于其他产业人才培养的特殊性和规律性。人才所应具有的品质和人格智能是创意经纪人应具备的基本素质。在众多的成才要素中，正确的自我意识、追求高目标、责任感、恒心毅力、自控力这五项成才要素应是当代大学生应塑造的心理品质和人格智能，也是文化创意人才的基本素质。文化创意产业需要应用型的人才，实际能力是企业衡量人才的标准（见表 5-5）。[2]

表 5–5 文化产业结构体系的人才需求

产业层次	发展现状	人才需求
核心产业层：新闻业、出版业、广电业、影视业、音像业、电信业	走出国门的重要产业类型，追求内容创意的“新”与“奇”，对创意频率和创意含量的要求较高，产品的国际性有待提升	具有人才的基本心理品质，要强化正确的自我意识，熟悉世界文化的特征、规律和发展趋势，具有振兴中华文化产业、敢于同世界强国竞争的精神；知识结构应从经济学、管理学、对策学扩大到哲学、心理学、创意学等范畴；重点学习创意的生成理论，掌握创意的生成机理和方法。
基础产业层：博物馆、档案馆、图书馆、大学、研究机构，文学、音乐、摄影、舞蹈艺术创作	创意量少，创意含量不高，具有国际性的突破创新较少，没有自己的特色，面临着国外的激烈竞争	把握文化产业学基本规律，增强自我意识的使命感；知识结构包括经济学、管理学、心理学、创造学、对策学、逻辑学和哲学等学科知识；学习创意的生成机制，注重创意在实践中的具体运用，将理论和案例相结合
延伸产业层：服装设计、建筑装饰装潢、文化旅游业等	管理者不熟悉创意产业的规律和特点，出现“跟风”现象，同质产品或服务较多。	创意经济学、经济学和管理学的知识结构；了解国际国内的动态和形势，培养自我意识；重点培养观察能力、捕捉问题的能力、分析问题的能力和创新能力；具有经验和实际操作能力

[1] 叶朗:《文化产业发展面临的四个战略性问题》，叶朗主编:《2011 中国文化产业年度发展报告》，北京大学出版社 2011 年版。

[2] 郭辉勤:《创意经济学》，重庆出版集团，重庆出版社 2007 年版，第 237—243 页。

二、高等教育在文化产业人才培养体系中的角色

中国的文化产业处于发展的战略机遇期，也面临着发展的瓶颈。解决文化产业发展中的问题关键在人才和教育。产业提升期待人才，要使文化产业真正成为国民经济的支柱性产业，离不开高素质、高层次的人才和创新团队。文化部2010年出台了《2010年全国文化人才发展规划》，专门就此提出了目标和要求。高端人才的培养和国民素质的提升是全社会的责任，而高等教育的作用不可替代。大力发展文化产业是当今中国改革开放提出来的一个崭新命题，文化产业是一个全新的具有文化建设战略意义的领域，文化产业的研究和文化产业的人才培养是中国哲学社会科学的战略性工作。文化产业的理论研究、文化产业实践、文化产业教育学三者的互动是国家文化发展战略的需求。

教育提供战略导向和人生意义，大学在全民素质的提升中发挥基础性、全局性和战略性的作用。大学以深厚的文化底蕴做支撑，有能力、有优势为国家文化产业的发展培养、培育和储备更多具有中国底蕴和世界眼光的高素质文化产业领军人才。大学的职能和所拥有的优势使其成为文化产业人才培养和国家文化建设的重要基地。以人才培养、科学研究和社会服务为功能的大学理应为文化产业的创新做出贡献，大学拥有其他社会单位所不具备的文化产业发展资源优势，大学有能力为文化产业发展提供智力支持和人才培养。大学通过教育的普及可以培养大批文化产业人才；大学可以发挥文科、艺术科学、经济管理、法学与技术科学的综合优势，积极进行文化产业的研发与创新，主动承担国家、企业和社会的文化产业科研课题，提高文化产业的研发水平，造就一批高水平的研究人才队伍；大学可以积极进行国内外文化资源的整理与开发，可以开展国际文化交流和学术交流，丰富文化产业的内容；大学可以研究国民的文化需求与国家文化发展的现状，为文化产业学科规划与发展提出政策建议。大学在文化品牌、文化传统、师资和科研队伍、学生资源等方面的优势不是短期内形成的，

需要历史和文化的积淀。因此，作为相对独立的文化单元，大学在文化产业人才培养体系中具有特殊地位。

文化产业人才需要文化素养、创新能力和产业管理能力，这对大学人文社会科学的重构和传统学科之间的融合提出了现实的要求，只有实现文化产业教育的跨学科发展才能培养所需要的人才。哲学社会科学是一个开放的科学系统，随着社会发展而不断充实，着眼于新的实践对于社会科学的要求，不断给予实践中所提出来的问题以科学的回答来指导实践，这是哲学社会科学的科学品质。[1] 哲学社会科学的开放性，关注社会发展的前沿命题是其生命的本源和保持活力的关键。文化产业对教育体系的需求影响我国哲学社会科学在学科建设和发展方面应有的成长性和可持续发展性。中国传统的人文、文化与人文社会科学，由于只有单一的文、史、哲学科结构，缺乏经、管、法的社会科学知识结构，文化产业对教育的需求正是人文科学和社会科学的融合并实现成长的内涵和动力。文化产业和文化创新作为生产工具和创新工具，丰富了传统经济学和管理学科的内涵，经济学由物质经济学转向以知识、科技、信息、制度、组织、服务、创新、文化为主的非物质经济研究；管理学由传统的经济、工商、行政管理转向了知识管理、公共管理、文化艺术管理、媒介管理、信息管理等非物质经济文化管理体系。传统人文科学和社会科学的融合才能适应文化产业人才素质的需求。当代社会科学重构的发展目标与创新宗旨是形成经济与文化的正关系、全球化与国际分工的正关系、创新与发展的正关系、竞争与合作的正关系、经济文化演化与资源配置生产力结构优化的正关系。[2] 各筑垣墙，自为疆界的院系设置和课程编配不适合文化产业人才的培养，也不利于大学教育文化建设的开展。

文化产业的创新特征引发高校教学理念和人才培养模式的反思。高校教学和科研的分离是普遍现象，文化产业人才的培养要求进行学术研究与

[1] 胡惠林："大力推进文化产业理论研究和学科建设"，《探索与争鸣》2003 年第 9 期，第 9—11 页。

[2] 皇甫晓涛："文化产业学科建设的基础理论研究与当代人文社会科学的重构"，《学术月刊》2010 年第 8 期，第 14 页。

教学的统筹规划，科研投入要有计划性与针对性，分清长线与短线，有区别地对待基础性研究与应用研究两个方面，研究成果可以直接用来教学，可以解决教材与现实的脱节问题，提高学生对文化产业发展的战略思维能力和实际操作能力。从人才培养模式上，文化产业人才培养需要创设理论教学和实践操作的双重模式。既要注重学生的文化素养，又要重视培养学生的职业技能。毕业论文和毕业作品设计都很重要，同时，大学应设立创意试验室，建立大学和文化企业的沟通渠道。持续的变革需要持续的学习，文化产业是创意的产业，也是变化无处不在的产业，因此文化产业人才要有终身学习的能力。终身教育理念在“二战”结束后便提出了，[1]在全球化时期和信息时代引起了足够的重视。学习是一个自觉过程，也是一个外在因素影响的不断发展的过程，尤其是学生要获得各种策略、方式、方法，需要教育者的介入。终身学习能力的培育无疑成为高等教育应有的教学目标，也是文化产业人才具备的重要能力之一。

三、文化产业学科建设的现状

文化产业探索和发展的过程就是文化产业学科建设的过程。文化产业的学科建设应与国家的文化产业发展现状和发展目标相适应，必须为文化产业的经济发展服务。文化产业新学科的建设给大学的发展带来了机遇，但并不是说大学就一定能适应文化产业发展的需要。为适应文化产业发展的需要，大学也需要进行制度创新，建立与世界文化产业发展方向相适应的教育体系，改革不适应文化产业发展的课程内容与教学方法，树立新的文化观与教育模式，有效配置与文化产业教育发展相适应的师资、科研队伍和财政支持等，是摆在教育工作者面前的任务。大学的教学科研如何跟上国际国内文化产业发展的形势，如何设计与世界文化产业发展相适应的课程内容，并建立与之配套的教学方法，培养一批明辨世界文化产业发展

[1] Jacks, M l, Total Education: A Plea for Synthesis, London: Paul, Trench, Trubner, 1946.

潮流方向，学术素质过硬的师资队伍，造就文化产业教育领域的大师，是对新时期大学办学能力的一种考验。

文化产业学科建设随着文化产业的发展而发展。党的十六大以来，教育部、文化部等国家文化教育的主管部门和部分高等院校已经意识到设立文化产业专业和相应研究机构对社会急需人才培养的重要意义。2000年，文化产业方向的硕士点在北京大学等高校设立；2004年，教育部批复文化产业管理本科专业在山东大学、中国海洋大学、中国传媒大学、云南大学等全国重点高校开始试点；2006年，南京大学等高校开设了文化产业研究的博士点。文化产业教育从理论研究进入到学科建设和人才培养的探索实践阶段。目前，我国大约有100多所高校开办了与文化产业专业相关的专业。文化产业已经成为近年来高校新办专业中发展最快的专业之一，随着文化产业的深入发展，招收相关专业的学校数量和招生规模仍有不断扩大之势。文化部也在北京大学、上海交通大学等建立了文化产业研究基地，山东大学、云南大学、中南大学、南京航空航天大学等也成立了相应的文化产业研究机构；山东省、上海社科院、山西省等也成立了文化产业研究中心。2006年起，国家社科基金重大招标项目、教育部重大攻关项目每年开始涉及文化产业方面的课题研究。自此，文化产业的学科建设进入到迅猛发展的时期。将文化产业纳入学科建设的范畴是大学教育内容的创新，是对大学学科结构的充实与完善，也是大学教育与时俱进的实际行动。文化产业学科建设已经将文化产业上升到科学的高度，提炼文化产业的科学成分，总结文化产业的普遍规律与个性特征，跟踪文化产业动态发展的轨迹，继而进行文化产业的传播与教育普及。但现实依然残酷，学生具备什么样的职业技能和专业知识才能让文化产业专业的学生在职场竞争中立于不败之地仍然在探索之中。

文化产业学科建设是一项艰辛的工作，是一个循序渐进不断完善与发展的过程。我国的文化创意产业亟需两大类人才，既通晓创意产业内容又擅长经营管理，合格的文化产业人才是复合型的。文化产业是交叉学科，产业经济学与人文社会科学与艺术科学交汇重叠的区域构成了文化产业学科的范畴。文化产业人才培养重在应用，完善的学科建设具有巨大的经济价值与社会价值，其学科建设之目标应该是建立完整而系统的文化产业学术研究体系与教学体系。在专业设置上亟待需要大胆创新，尝试打破传统的专业分类，模糊一些专业的界限，实现文化产业人才培养体系的均衡发展，培育“通”与“专”的人才。

目前文化产业人才培养中面临的问题是重“通”轻“专”，“通”才的培养模式是重管理轻文化。在学科设置和专业定位上没有跳出传统学科的思维模式，文化产业学科应该独立于传统学科的“学科群”来建设，独立于传统学科是文化产业学科建设的基本定位，“学科群”指建立跨学科和多学科整合的文化产业学科群，文化产业的根本在于创新，涉及文化学、人类学、心理学、传播学、管理学、经济学等多个学科，涉及创新理论、战略理论、对策研究，形成一个软科学学科群，才能形成文化力的科学创新体系。在大学中要鼓励跨系、跨院、跨校的课程，鼓励整合艺术、科技、管理、行销及知识产权等学科领域的课程，以培养学生在未来的从业生涯中具有跨界整合能力。基于文化产业人才本科培养的不足，有的学者提出应重视研究生阶段的培养。文化产业的知识谱系和课程设置庞杂，经典著作和师资队伍严重缺乏，很难在本科阶段为学生构建一个具有核心竞争力的知识体系和思维能力。文化产业的人才培养重点在硕士阶段，培养具有文化产业核心思维理论和操作运营技能的硕士研究生。[1] 文化产业学科建设的核心在于文化产业经营管理能力的训练，这种核心竞争能力就是创意管理能力，就是创意领导力，这种创意领导力由于对实践经验的依赖而不利于在大学本科阶段就开设这样的专业，却最适宜于在硕士研究生层次进行学习。因此，开办创意领导力学院，组建创意实验室教学模式，建设创意管理专业硕士，就成为高校开发文化产业创意领导力最迫切的一种应对

[1] 向勇:《学科范式的转换与身份认同的建构——文化产业学科建设的目标与对策》,《学术月刊》第8期，第8—12页。

方式。[1]

四、大学文化产业人才培养的路径依赖

文化产业高级经营管理人才的缺乏成为制约我国文化产业迅速发展的因素之一。高校不能满足文化产业大力发展的人才需求，已经设置文化产业的高校的人才培养模式与文化产业所需人才的能力之间存在鸿沟。大学要依托人文教育，强化大学的文化功能，走产学研一体化，提升学生的操作能力，通过国际文化产业教育合作与交流培育国际型创新人才是大学应对文化产业人才培养需求的路径。

基于文化产业发展对人才的需求，大学在教育角色、教育理念、学科设置上进行反思和变革是教育体制改革和大学文化塑造的重要内容。这就需要处理好“通识”教育和专业教育的关系。随着高等教育的大众化，大学文化建设面临着教育理想和市场化改革之间的矛盾。受市场力量的趋使，社会需求的变化改变着大学的人才观。市场的需求使现在的人才培养更倾向于专业知识的掌握和学习能力。大学成了知识和信息的传播者，却相对忽视了文化功能。大学具有公共目的和公共义务，但在市场力量的影响下，大学的目标和使命趋于复杂，文化需求功能在削弱，形成一种复合型的使命。这一倾向反映在课程上，文化价值观和认知理性能力的培养在本科阶段被专业化和职业化的课程所代替。大学更倾向于交易知识的培育，文化价值知识的重要性受到了忽视。科学技术和经济发展引起社会的迅速变化，却不能及时反映到教育体系中，年轻人一方面经历着已经变化的社会和价值观念，接受的是与社会变化相脱节的僵化的教育理念和价值，社会变化的速度与教育文化体系变化速度的不一致也导致大学文化功能的削弱。文化产业的人才需求与大学的文化使命在内容和目标上是一致的，高等教育的文化使命应由通识教育尤其是人文教育支撑，文化产业需要具有人文素

[1] 向勇：《文化产业发展趋势与创意领导力建设》，《光明日报》2011 年 8 月 30 日。

养和人文精神的专业人才。人文教育旨在培养人的辩证思维、读写能力、解决问题的技能、对文化的欣赏、全球视野和忍耐等个性品质。鉴于此，文化产业人才的培育需要大学变革，在观念上应重视人文教育，在课程设置上应设立文学、历史等校级公共课，提高大学生的文化素质，提升教师的文化修养，提高大学的文化品位。中国著名历史学家和教育者钱穆曾说过:“仅以使用主义谈教育，必使学者专务于谋出路，寻职业，自私自利，而整个教育精神，亦必趋于急功近利，舍本而逐末。”[1]

从大学文化产业的学科规划和课程设置而言,要坚持“通”和“专”结合。在“通”方面，高校应该明确自身定位，通过加大学科专业调整力度。综合类高校要重视文化产业管理人才的培养，设立本科招生专业，打通学科壁垒，打破院系障碍，打好学生的人文底蕴，重视创新型人文教育，培养有原创意识和文化精品意识的内容创意人才，扭转应试教育对学生创新思维的扼杀。专业类高校在办好已经存在的文化产业管理专业的同时，与综合类院校和美术等艺术类院校实现跨校合作，培育学生的人文精神和艺术修养。在“专”方面，在专业类学校或三本学校开设市场急需的专业，如多媒体设计与制作、数字媒体艺术、文物鉴定与修复、动漫设计与制作、电脑艺术设计、文化商务与文化市场管理等专业。韩国在2000~2005年间，共投入2000多亿韩元，在高等院校开办电影、卡通、游戏、广播、影像等相关专业80多种；兴建汉城游戏学院、全州文化产业大学等专门化学校；国家还提供专门补贴，选派人员出国研修，培养具有世界水准的文化产业专门人才。大学也应设置与文化产业核心层紧密相联的新兴专业，科学定位培养目标，合理设置专业方向，精心构建课程体系，进而创新文化产业人才培养机制。

文化产业人才重应用，高等学校应与文化企业优势互补，走产学研合作之路。对于高等学校来说，融入文化产业园，与新型文化企业对接，走产学研合作之路，这是高等教育适应文化产业发展的必然选择，也是大学

[1] 钱穆:《文化与教育》，生活·读书·新知三联书店2009年版，第66页。

功能在现代社会日益拓展的必然结果。高等学校通过与文化企业合作，捕捉行业发展信息，使学科发展保持前瞻性，学校的教学、科研、人才培养更好地适应经济发展的需要。开设实习课程，推荐学生进入产业实习，使学生具有相关职业能力、提前与职场接轨，并为企业注入创新活力，协助有潜力的人才顺利进入文化产业领域。在此过程中一方面使得学生实践能力得以促进，另一方面也为企业提供多元化服务，协助企业解决生产过程中的技术与管理问题,促进文化产业相关领域科研成果尽快转化为生产力。因此，高等学校与文化企业之间基于文化产业产学研合作相融合的理念，扩大文化产业产学研合作的内涵和外延，构建开放、共赢、互补、高效的新型合作模式，培养文化产业高素质人才，提高文化产业总体实力和核心竞争力。

文化产业教育合作的开展对人才的培养也是至关重要的。文化只有在交汇碰撞中才更加富有活力，教育只有在交流学习中才更有更大功效。在经济全球化、国际化趋势下，推动文化产业人才全球化、国际化进程需要开展文化产业教育合作。文化产业人才的培养要把国内培养和国际交流相结合，通过学习国外文化产业先进技术和管理模式，来提升文化产业人才的自学能力、研究能力、创造能力、表达能力、团队协作能力与组织管理能力。可与欧美、日本等国家加强人才交流与合作，选派人员出国研修，培养具有世界水准的专业人才。加大文化人才引进和开发力度，有计划地引进国外的高层次文化人才。在文化产业管理人才的培养上，要整合国内外专业机构与产业资源，以产学结合、开设专业课程、引入国际大师、举行座谈会等方式培育跨界整合能力的管理人才，提升其所需要的专业技能与知识，如行销、研发、财务、谈判、知识产权、无形资产评估、品牌经营等，并建立文化人才培养信息整合平台。

大学的文化产业教育体系需要外部的支持和评估，教育与文化产业之间构建完整的产业链，建立政府提供支持、高校提供服务和人才的文化产业发展的协调合作机制可以有效推动文化产业的蓬勃发展。政府应该大力挖掘文化产业教育资源，搭建平台，鼓励校际合作联合培养，支持大中专院校与文化企业合作联手培养人才。通过社会科学课题、教育部、厅课题、文化部、厅课题等方式支持高校教师从事文化产业理论和比较研究，支持高校针对文化产业人才需求进行的学科和课程教学改革，在跨省和省内学校之间开展学科改革和教学改革的经验交流。此外，教育部、厅和社会组织应该对大学的文化建设进行外部评估，建立大学文化建设的评估体系，由此来带动文化产业人才培养中人文精神的塑造。成立文化产业人才培养委员会，负责文化产业人才培养计划的制定、协调等，设立教育机构认证委员会，对文化产业教育机构实行认证，对优秀者给予奖励和提供资金支持。建立文化产业专门人才数据库，吸收学界、机关、企业的专家、学者和专业人才入库。

主要参考文献

［1］巴忠倓主编 . 文化建设与国家安全 . 北京：时事出版社 2007.

［2］曹泽林 . 国家文化安全论 . 北京：军事科学出版社 2006.

［3］蔡尚伟等 . 文化产业导论 . 上海：复旦大学出版社 2006.

［4］陈序经著 . 文化学概论 . 北京：中国人民大学出版社 2005.

［5］费孝通、［法］德里达等 . 中国文化与全球化 . 南京：江苏教育出版社 2003.

［6］费宗惠、张荣华编 . 费孝通论文化自觉 . 呼和浩特：内蒙古人民出版社 2009.

［7］冯天瑜 . 中国文化史纲 . 北京：北京语言学院出版社 1994 年版。

［8］傅铿 . 文化：人类的镜子——西方文化理论导引 . 上海：上海人民出版社 1990.

［9］顾江主编 . 文化产业规划案例精析 . 南京：东南大学出版社 2008.

［10］郭辉勤 . 创意经济学 . 重庆：重庆出版集团，重庆出版社 2007.

［11］黄硕风 . 综合国力新论 . 北京：中国社会科学出版社 1999.

［12］胡适 . 胡适选集 . 天津：天津人民出版社 1991 年。

［13］胡惠林 . 中国国家文化安全论 . 上海：上海人民出版社 2011.

［14］胡惠林 . 文化产业学 . 北京：高等教育出版社 2006.

［15］胡惠林 . 文化产业发展与国家文化安全 . 广州：广东人民出版社 2005.

［16］胡鞍钢、门洪华主编 . 解读美国大战略 . 杭州：浙江人民出版社 2003.

［17］季羡林 . 季羡林谈文化 . 北京：人民日报出版社 2011.

［18］康绍邦、宫力主编 . 中国与世界：实力、角色及国际战略 . 北京：

九州出版社 2007.
[19] 李少军 . 国际政治学概论 . 上海：上海人民出版社 2002.
[20] 李金齐 . 全球化时代的文化安全研究 . 北京：中国社会科学出版社 2008.
[21] 李智 . 文化外交—— 一种传播学的解读 . 北京：北京大学出版社 2005.
[22] 刘海平编 . 中美文化的互动与关联 . 上海：上海外语教育出版社 1997.
[23] 刘跃进主编 . 国家安全学 . 北京：中国政法大学出版社 2004.
[24] 陆杨主编 . 文化研究概论 . 上海：复旦大学出版社 2008.
[25] 罗荣渠主编 . 从"西化"到现代化 . 合肥：黄山书社 2008.
[26] 潘一禾 . 文化安全 . 杭州：浙江大学出版社 2007.
[27] 钱穆 . 文化与教育 . 上海：生活 · 读书 · 新知三联书店，2009.
[28] 祁述裕 . 中国文化产业国际竞争力报告 . 北京：社会科学文献出版社 2004.
[29] 孙晶 . 文化霸权理论研究 . 北京：社会科学文献出版社 2004.
[30] 社会问题研究丛书编辑委员会编 . 文化安全与社会和谐 . 北京：知识产权出版社 2008.
[31] 王逢振主编 . 詹姆逊文集：现代性、后现代性和全球化 . 北京：中国人民大学出版社 2004.
[32] 汪晖、陈燕谷主编 . 文化与公共性 . 上海：生活 · 读书 · 新知三联书店，1998.
[33] 王晓德 . 美国文化与外交 . 北京：世界知识出版社 2000.
[34] 王亚南主编 . 文化蓝皮书 · 文化消费 . 北京：社会科学文献出版社 2011.
[35] 王岳川、胡森森 . 文化战略 . 上海：复旦大学出版社 2010.
[36] 文化部财务司编 . 中国文化文物统计年鉴 2010. 北京：国家图书

馆出版社 2010.

[37] 相蓝欣.传统与对外关系.上海：生活·读书·新知三联书店 2007.

[38] 杨雪冬.全球化：西方理论前沿.北京：社会科学文献出版社 2002.

[39] 叶朗主编.中国文化产业年度发展报告 2003.长沙：湖南人民出版社 2003.

[40] 叶朗主编.中国文化产业年度发展报告 2011.北京：北京大学出版社 2011.

[41] 艺衡、任珺、杨立青.文化权利回溯与解读.北京：社会科学文献出版社 2005.

[42] 艺衡.文化主权与国家文化软实力.北京：社会科学文献出版社 2009.

[43] 尹韵公主编.中国新媒体发展报告（2010）.北京：社会科学文献出版社 2010.

[44] 余英时.中国文化的重建.北京：中信出版社 2011.

[45] 于平、傅才武主编.文化创新蓝皮书 2011.北京：社会科学文献出版社 2011.

[46] 张骥、刘中民.文化与当代国际政治.北京：人民出版社 2003.

[47] 张骥等著.中国文化安全与意识形态战略.北京：人民出版社 2010.

[48] 张国祚主编.中国文化软实力研究报告（2010 年）.北京：社会科学文献出版社 2011.

[49] 张晓明、胡惠林、章建刚主编.2011 年中国文化产业发展报告.北京：社会科学文献出版社 2011.

[50] 庄锡昌等编.多维视野中的文化理论.杭州：浙江人民出版社 1987.

[51][法]维克多·埃尔著，康新文、晓文译．文化概念．上海：上海人民出版社 1988.

[52][法]乌·贝克、哈马斯等．全球化与政治．北京：中央编译出版社 2000.

[53][德]马克斯·霍克海默、西奥多·阿多诺著，渠敬东、曹卫东译．启蒙辩证法——哲学片断．上海：上海人民出版社 2003.

[54][美]斯塔夫里阿诺斯．全球通史——1500 年以前的世界．上海：上海社会科学院出版社 1999.

[55][美]塞缪尔·亨廷顿、彼得·伯杰著，康敬贻、林振熙、柯雄译．全球化的文化动力：当代世界的文化多样性．北京：新华出版社 2004.

[56][美]兹比格涅夫·布热津斯基著，王振西主译．大抉择——美国站在十字路口．北京：新华出版社 2005.

[57][美]欧文·拉兹格著，王宏昌等译．布达佩斯俱乐部全球问题最新报告——第三个 1000 年．北京：社会科学文献出版社 2004.

[58][美]塞缪尔·亨廷顿著，程克雄译，我们是谁——美国国家特性面临的挑战．北京：新华出版社 2005.

[59][美]鲁思·本尼迪克特著，王炜等译．文化模式．上海：生活·读书·新知三联书店，1988.

[60][美]马文·哈里斯著，顾建光、高云霞译．文化·人·自然—普通人类学导引．杭州：浙江人民出版社 1992.

[61][美]约翰·柯林斯．大战略．北京：中国人民解放军军事科学院，1978.

[62][美]约瑟夫·奈著，吴晓辉、钱程译．软实力：世界政治中的成功之道．北京：东方出版社 2005.

[63][美]爱德华·W·萨义德著，李琨译．文化与帝国主义．上海：生活·读书·新知三联书店，2003.

[64][美]乔纳森·弗里德曼著，郭建如译．文化认同与全球性过程．北

京：商务印书馆，2003.

[65][美]汉斯·摩根索.国际纵横策论——争强权，求和平.上海：上海译文出版社 1995.

[66][美]兹比格涅夫·布热津斯基.大棋局.上海：上海人民出版社 1998.

[67][美]兹比格涅夫·布热津斯基.大失控与大混乱.北京：中国社会科学出版社 1995.

[68][美]约翰·米尔斯海默著，王义桅、唐小松译.大国政治的悲剧.上海：上海人民出版社 2003.

[69][美]傅立民.论实力—治国方略与外交艺术.北京：清华大学出版社 2004.

[70][美]迈克尔·亨特.意识形态与美国外交政策.北京：世界知识出版社 1999.

[71][英]马林诺夫斯基著，黄建波等译.科学的文化理论.北京：中央民族大学出版社 1999.

[72][英]巴瑞·布赞等.新安全论.杭州：浙江人民出版社 2003.

[73][英]简·阿特·斯图尔特著，王艳莉译.解析全球化.长春：吉林人民出版社 2003.

[74][英]安东尼·吉登斯著，田禾译.现代性的后果.南京：译林出版社 2000.

[75][英]安东尼·吉登斯著，郑戈译.第三条道路：社会民主主义的复兴.北京：北京大学出版社；上海：三联书店，2000.

[76][英]约翰·汤姆森著.郭英剑译.全球化与文化.南京：南京大学出版社 2002.

[77][英]戴维·赫尔德著，杨雪冬等译.全球大变革.北京：社会科学文献出版社 2002.

[78][英]约翰·汤林森著，冯建三译.文化帝国主义.上海：上海

人民出版社 1999.

[79][英]弗朗西斯·斯托纳·桑德斯著，曹大鹏译.文化冷战与中央情报局.北京：国际文化出版公司，2002.

[80][意]恩贝托·埃柯.东西方文化的差异与共存：跨文化对话.上海：上海人民出版社 1999.

[81][日]平野健一郎著，张启雄等译.国际文化论.北京：中国大百科全书出版社 2011.